让课堂说话

朱煜阅读教学
策略与实践

朱煜 —— 著

大夏书系·语文之道

华东师范大学出版社

ECNUP
全国百佳图书出版单位

图书在版编目（CIP）数据

让课堂说话：朱煜阅读教学策略与实践／朱煜著 .—上海：华东师范大学出版社，2018
ISBN 978-7-5675-7768-8

Ⅰ.①让 ... Ⅱ.①朱 ... Ⅲ.①阅读课－课堂教学－教学研究－小学 Ⅳ.① G623.232

中国版本图书馆 CIP 数据核字（2018）第 106434 号

大夏书系·语文之道

让课堂说话

——朱煜阅读教学策略与实践

著　者	朱　煜	
策划编辑	朱永通	
审读编辑	张思扬	
封面设计	奇文云海·设计顾问	

出版发行　华东师范大学出版社
社　　址　上海市中山北路 3663 号　邮编　200062
网　　址　www.ecnupress.com.cn
电　　话　021-60821666　行政传真　021-62572105
客服电话　021-62865537
邮购电话　021-62869887　地址　上海市中山北路 3663 号华东师范大学校内先锋路口
网　　店　http：//hdsdcbs.tmall.com/

印 刷 者　北京密兴印刷有限公司
开　　本　700×1000　16 开
插　　页　1
印　　张　14.5
字　　数　236 千字
版　　次　2018 年 8 月第一版
印　　次　2022年6月第六次
印　　数　17 101-20 100
书　　号　ISBN 978-7-5675-7768-8/G·11146
定　　价　45.00 元

出 版 人　王　焰

（如发现本版图书有印订质量问题，请寄回本社市场部调换或电话 021-62865537 联系）

目录
Contents

代序：
让课堂说话

一

本学期，我新接一个三年级班，开学前几天，我给家长们写了一封信：

各位家长：

很高兴能执教十一班，与诸位的孩子一起学习语文，一起成长。三年级是学习语文的关键期，因此除了我在学校里努力外，还需要诸位与孩子们在家里花些心力。请先重视以下几件事情：

坚持每天与孩子交谈。谈老师、谈同学、谈生活中的小事、谈阅读体会等等，都可。要强调的是，交谈时务必保持平和理性平等交流的状态。同时，不管用普通话还是方言交流（我建议用方言），务必用规范的话语方式，尽量说得有条理。不要让孩子只回答一个字或者一个词，而是要努力说段落。

每天让孩子大声流利地朗读课文（或者孩子感兴趣的文字材料）十分钟至十五分钟。有些孩子有每天朗读英语的习惯，学习中文同样也要朗读。这是每天必做的功课，务必坚持。一个学期之后，大家会有惊喜。

如果您的孩子已经具备了阅读习惯，那么恭喜您。如果您的孩子还没有阅读的习惯，那么三年级是最后的机会了，过了这一年，再想培养良好的阅读习惯，会比较困难。开学之后，我会每月发布班级共读书目，家长可以上网或者去书店买。如果实在没有时间，我可以代购。每月共读的书，我会在学校里进行指导。在家里应给孩子准备一点课外书（参考书目等我了解了学生情况后发布）。现阶段的阅读不要在乎孩子读到多少东西，主要是培养阅读习惯。所以每天晚上要有固定的阅读时间。不要让孩子过多接触电子产品，尽量不要当着孩子的面长时间使用智能手机等新型电子产品。孩子阅读的书籍以符合孩子兴趣为主，不要局限于文学作品。在正常的情况下，他们想看什么就看什么。如果您愿意，可以定期翻阅孩子正在看的书，闲暇时与孩子交流交流，那样效果会更好。关于阅读，还会有一些具体的做法，届时期望得到诸位的支持。

每学完一篇课文，会在校内默写词语，这是必做的功课，我会提前布置。请家长在家里帮孩子复习好。

三年级第一学期，我们依然用铅笔书写作业。如果使用木头铅笔，那么要教会孩子定期削铅笔。每一份作业字迹必须端正，卷面必须整洁，书簿不能卷角。这些小事看上去不起眼，实际上作用很大，请不要忽视。抄写词语连续得到十个"优"且无错误的孩子将得到奖励——我写的一本小书（签名本）。

请为孩子准备一本笔记本（普通的练习本就好），届时您可以通过孩子的笔记，知道他在校的学习状态。

各位家长，学好语文很简单，多读多写就好。学好语文又很难，因为这不仅需要孩子们有韧性，还需要老师家长也有韧性。

总之，慢慢来，不要急，更不必有任何焦虑，都会好的。

我把信分享在QQ群里，同行们除了表示感谢，还问我是否有其他年级的语文学习要求。我赶紧找出一些资料分享给大家。一位老师开玩笑道："朱老师的宝箱里，宝贝真不少。"其实，这些教学资料真不算稀奇。我很幸运，刚走上讲台时，得到不少前辈的指点。他们告诉我如何备课、上课、管理作业簿，如何与家长交流，等等。临到复习迎考阶段，我看到他们拿出平时积累的资料，根据考纲，设计出质量很高的复习卷。于是我也慢慢养成积累工作资料的习惯。如今信息技术发达，电脑普及，整理储存资料更是便捷。不过，如果没有这个习惯，这些资料倒真的有点金贵了。

年轻时，天天受着前辈们的熏陶而不自知。教了20多年的书，渐渐明白当年许许多多课堂内外细枝末节的意义，而且常常回想起前辈们在课堂中的风采。

20多年前，我的师父贾志敏老师五十开外。他弯着腰，与一年级的孩子手拉手，念儿歌《两个名字》。他坐在小椅子上，让学生蒙住自己的眼睛，背课文做游戏。这些情景仿佛就在昨天。一篇《镇定的女主人》，贾老师上得简简单单，几次巧妙的句式练习，就让学生理解了课文内容，锻炼了言语能力。用

"震撼"形容当时听课的感受，一点儿也不为过。后来，贾老师年纪大了，身体也不好，但为孩子们上作文课时，竟依然用表演的方式再现生活场景，激发学生兴趣。课后，我写下感想：

　　小学生写作文的难点无非两点——不知道写什么和不知道怎么写。其中后者尤难。贾老师的素描作文将生活中的场景搬进课堂，让学生通过情境和材料具备形成典型表象的技能。这样便能很好地解决前述难题。典型表象就是那些最能反映事物本质特点的知觉形象。学生一旦在头脑中能对某事某物形成典型表象，就能将一篇文章的骨架搭出来。贾老师在教学中安排了一次表演，就是培养学生这一技能。看似随意的表演，其实并不简单。贾老师先是口述情节，再为参加表演的学生"说戏"，随后才表演。最后还组织学生将表演内容梳理成几句话。在此基础上，才让学生动笔。由于设置了坡度，学生习作难度降低了，这有助于学生形成良好的作文心理。有人总担心材料作文会影响到学生的想象力，其实，完全不必。当学生学会怎么写后，他们的想象力便犹如插上翅膀，能够自由翱翔。

　　我还有幸在七年前走进过复旦附中张大文老师的课堂。那次他给我们讲《为了忘却的记念》。张先生用文本细读的方式讲解文章第一部分。全用串讲，发掘出文字背后的意思，阐述自己的见解。串讲完毕，张先生归纳白莽的人物形象特点，并请学员寻找贯穿第一部分的线索。再请大家自学第二部分，用相同的方法分析柔石的形象特点以及叙述线索。

　　自学结束，我自告奋勇举手作答。我说，我认为线索是"迂"这个字，而柔石的形象特征也是"迂"。这个字看上去是贬义的，其实鲁迅却是喜欢的，并认为这正是中国的青年所欠缺的。再用文本细读的方式验证了我的观点，也结合鲁迅其他文章说明我的体会。讲了十多分钟，赶紧收束。张先生笑眯眯地鼓励我，说可以得满分。随后他又串讲一番，还提到几处前后呼应关联的处理。后面几个部分用串讲、提问、范读、朗读来组织教学。

　　张先生用曲线图揭示出鲁迅作文时跌宕起伏的情绪，提醒学员不要因为"徐培根"的注释而影响对鲁迅思绪发展的正确体悟。这两点是整堂课的高潮。最后，张先生从记叙、描写、抒情三方面作总结，并用环形图说明三者糅合的关系。

那时，张先生已七十三岁高龄，教学中始终充满激情，声震屋宇，全身心地投入。这对全体听课者而言是一种震撼，是一种感召。教师对于教学，只有这样真心真情地付出，才能细致地分析钻研补充教材，提炼出合适的教学内容，使学生真正有所得。

有老师在听课后对串讲提出疑问。其实，串讲不应该是讨论的主要内容。这堂课，从教学形式上来说，简单得不能再简单，但透过简单，我能感受到教法与学法的和谐统一。教师示范分析文本，学生再学着使用教师的方法，最后教师根据学生的反馈再次示范。这样的学习过程的意义，即使没有受过专业师范教育的人也能理解。但真的要让这个过程体现在每一节课上，有多少教师能做到呢？教师不断研究学生的学习过程，研究提高学生学习效率的方法，是教师专业发展的首要任务。

近年来，"工匠精神"成了热词。奇怪的是，"教书匠"一词依然褒贬不一。其实，要成为"教书匠"，在职业生涯中教好每一届学生，真不容易。因为教师的服务对象是活生生的人，而且随着社会发展，人的情况会变化。原先有效的教育教学方法可能过时，失去作用。怎么办？重新了解学生，更新知识结构，研习新的方法。时代在前行，真真假假的学习资源越来越多，甚至到了乱花迷眼的地步。如何甄别？前辈们素朴的课堂说得很清楚——坚守常识，秉持学科本质。

坚守常识，秉持学科本质的课堂能说老实话，只有说老实话的课堂才能对师生有益。

二

说话，是为了发表感受，分享观点，我的课堂自然要说我的认识和观点。

我以为，小学语文教学应该有两项启蒙的任务。一是对孩子的运用语言文字能力进行启蒙。在学校中，孩子应该接受系统、规范、科学的语言文字学习，并且通过学习，不仅能够理解运用母语，还要获得对母语的热爱以及不断学习母语的兴趣和能力。二是对孩子的思想、价值观、人生态度进行启蒙，为其成为合格的现代社会公民打好基础。我这样理解"启蒙"两字："启"，即平等对话，在和谐温馨的气氛中传授知识、激发兴趣、培养能力，高处着眼，低处入手，传递普世的价值观；"蒙"，即注重基础，从学生实际出发，整合新旧，讲究互动生成，力求教学形式灵活，教学效果有效，教学氛围愉悦。

语言的启蒙需要循序渐进，由字词到句段，追求的目标是理解与运用。思想的启蒙必须依托语言的学习，与其紧密整合，才能不僵化不突兀，将抽象的观念化为真切的情感，达到水到渠成、润物无声、沁人心脾的效果。在教学活动中，语言文字启蒙与思想的启蒙不是割裂的，而是彼此渗透、关联的。扎实的语言文字练习是对小学生进行思想启蒙的基础，少了这个，思想启蒙将坠入空谈。反之，启蒙之花将自然绽放。如此，当学生学完一篇课文，留在他们心里的就不仅仅是个故事，他们还能懂得词句的意思，学会阅读、表达的方法，获得心灵的滋养、启蒙，这是小学语文教学的核心任务。

说一个观点，注意表达方式，别人就容易接受，反之，则可能遭到拒绝。说话之道，归根结蒂就是将心比心、推己及人。课堂要把话说好，在于教学有设计感。教学设计感落实与否，在于教师心中是否有课标、有学生，是否了解学生学习中的困难，是否能为学生解决困难。

每当在课堂中见到学生对答如流，我们总会情不自禁地赞叹。圈外人士比我们更喜欢这样的场景，然后总能抒发出许多感想和不切实际的愿景。我的想法是——学生在课堂中的优异表现，一是因为孩子优异的天赋，二是因为教师平时的教授。当教师教会了学生某项知识技能，然后又提供适切的机会使其将知识方法融会贯通，学生的聪明才智才能通过他们的交流或者其他形式表现出来。在课堂上听到孩子的一次精彩发言，欢喜之余千万不要以为这是天上掉下来的馅饼，而应该去探寻孩子之前已经学会了什么，老师是怎么教的，精彩发言的背后是怎样的思维过程、学习过程，这个过程能否让更多的孩子共享。

小学生是要教的。教学内容应该基于课程标准来确定，教学方法应该基于学情来选择，教学过程要围绕这两点精心设计。当然，我的意思不是教师设计好教案，引着学生一步一步完成。理想的教学设计应该是内紧外松，以互动生成的方式达成预设目标，甚至出现未预料到的更好的结果。譬如师生共同画一棵大树，师生先一起画出枝叶，而主干的位置在教师心里。学生先画这枝或后画那叶，都行，教师在一旁协助就好。枝叶画完，主干自然呈现。这样的课堂是有设计感的。

以我教授的沪教版三年级《全神贯注》一课为例，详细说说设计感。

《全神贯注》一文是从茨威格的回忆录《昨日的世界》中选出来的。编者将叙述角度从原来的第一人称改为第三人称。全文紧紧扣住"全神贯注"一词展开。其中第二自然段分成三个部分将主人公忘我工作的状态写得细致生动。学生理解课文内容与中心不难。但是了解作者如何写出"全神贯注"（即表达形式），是难点。还有第二自然段中的层次区分也是难点。因此，我把教学目标定在"了解作者通过人物的动作、神态、语言等角度写出主人公的特点"。第二自然段的层次分析，只是示范给学生看看，不多作解释。除了三年级要落实的字词教学、朗读指导外，还将课后习题中的背诵、词语辨析等都结合在教学中。

语文课讲究关注表达形式，一是关注文本作者的表达，二是关注学生的表达。学生要学会规范、得体地表达。不管是说话还是作文都要看清对象，分清场合。要达到这个目标，并不容易，需要充分利用课文材料，设计言语活动，勤加练习。有些老师总担心，教表达形式会不会让课堂枯燥乏味。其实，表达形式的教学不是机械地讲解习作方法，而是教师巧妙地引导学生了解作者的表达方式，更好地理解文章内容和思想情感。

想让课堂不枯燥乏味，得妥善处理教学难点。有的难点要分解开来教，有的难点要由教师充分示范。比如教《全神贯注》时，根据学情，我将表达形式的教学与朗读指导结合起来，将难点的教学分成新授、巩固、运用三个阶段，让教有过程。

想让课堂不枯燥乏味，得处理好教师教授与学生自学自悟的关系。教师需要在教学中不断创造条件让学生使用已有的学习经验，互帮互助，获得新的知识技能。在《全神贯注》的教学中，我三次指导学生朗读描写罗丹修改雕像的段落，三次指导用了不同方式，给予学生足够的空间，让学有经历。

将课后练习或者作业指导设计成教学环节，是提高学习效率的好方法。《全神贯注》的课后练习中有道选择题，题目不好，但题型好。我将该题型用于辨析省略号的作用上，当学生得到答案之后，又可让其明白句中一对对反义词的作用。

有朋友问我：强调了设计感，每个细节都考虑得很周全，会不会阻碍互动生成，出现教师牵着学生走的情况？我笑着说：怎么会！设计得越精细，对学生学习过程就能预设得更充分，更好地促发生成，真正把学生教会，让学生学得主动，学得愉悦。

三

每天上完课，我总是尽快将教学过程记录下来，屈指算来已经坚持了11年。抄两段在下面：

教《穷人》时，学生抢着交流阅读体会。一个孩子说，她注意到课文第一节中写主人公桑娜的小屋温暖而舒适。这说明桑娜很能干，另外也说明他们夫妻很善良，因为善良，所以家才会显得温暖。同时也暗示我们故事最终会是一个好的结局——邻居家的孤儿被收养了。另一个孩子得到启发，说自己留意到课文最后一句话："你瞧，他们在这里啦。"孩子说，这个"啦"字写出桑娜在对丈夫撒娇。另一个孩子反驳说，"啦"字写出了她的开心。因为自己还没有说要收养邻居孩子的事，而丈夫却主动说了。第三个孩子说，"啦"字也写出了夫妻俩想法一致，一样善良，桑娜为有这样的丈夫而开心。

每周我都让学生们写一篇随笔，字数不限，题材不限，可以写实，可以虚构，想怎么写就怎么写，发挥出自己最好的水平就好。于是惊喜出现了，一个孩子读了周作人和梁实秋，他写道："相比《雅舍谈吃》，我觉得周作人老先生写的《知堂谈吃》看了更让人回味。梁实秋老先生写的《雅舍谈吃》看了让人兴奋，恨不得立刻吃到书上的美食。两本书各有各的特点，我都很喜欢。"一通表扬，一番点评之后，这个孩子又写了一篇，还是用比较的方法："金庸的书把细节描写发挥得淋漓尽致，让人犹在书中，为此神魂颠倒。书中人物的一招一式让人热血涌动。而古龙的书，却又别有洞天，他的小说比金庸更现代，剧情更悬疑，总有让人出乎意料的结果，使人很难停下阅读，看了还想看。"

幸好有动笔的习惯，不然这些小细节都会随着时间的流逝而被遗忘。幸好记录下了这些课堂话语，使我能不断反思、改进。在这样的课堂上，我是老师，也是学生。我是教授者，也是倾听者。我把学习方法教给学生，学生将自主学习的成果分享给我。让师生共同成长的课堂真是迷人。

2016 年 9 月 7 日

上编　如是我思

内容还是形式，这不是问题

　　江苏张学青老师听了浙江王春燕老师的《猴王出世》一课，写了些感想，其中说到了教内容还是教形式的问题。还说王老师的课引起了"广泛讨论"。恰巧我最近对这个问题很有些兴趣，于是找出《人民教育》2009 年第 2 期，把王老师的课堂实录看了两遍。过了一天，我又在《课程·教材·教法》2009 年第 1 期上读到了王老师的课堂实录和老师们的讨论。两本高端教育类杂志先后对同一位小学语文教师的一堂课作出迅速反应，这很少见。这堂课引起人们议论的主要是两个问题，一是略读课能不能上成精读课，二是语文课中教课文内容还是教表达形式。这里，我只想谈谈第二个问题。

　　张学青老师对《猴王出世》一课有自己的理解，她说：

　　像《西游记》这样的文学经典文本以怎样的方式进入课堂呢？我以为，还是要以文学的方式还他一个文学。试问：阅读小说的目的是什么？我们生活在这个世界上，将选择并拥有自己的人生道路。可是，我们的人生经历是多么有限，我们对事物的感受又是多么肤浅。我们从本能上就希望生活在一个更广大的世界里，希望感受各种各样的人生滋味。小说，就能满足我们的这种愿望，带我们走进作者构筑的各种各样的世界里，去经历那个世界里所经历的人生。在自觉与不自觉中，我们的思想视野拓展了，人生经验和情感体验丰富了，对自己的人生选择也更多了一些自觉。如果在这当中，又领悟到了小说创作的秘诀或者感受到了语言文字的精妙，那也是副产品。因为并不是每个人都能成为小说家的。在小说的世界里成长，意义远比学到一个好词好句重要。

　　倪文尖先生认为，阅读小说，首先不是去"解释"，而是把自己"摆"进去，带着自己的人生经验去遭遇小说的世界，遭遇小说里的人生。这个观点与张老师的解读有着异曲同工之妙。基于上述分析，张老师作了如下设计：

我教《猴王出世》就不会把重点放在"怎么写"上，而会以"石猴何以成王、它与众猴的区别在哪里"为主线，引导学生细读文本，发现石猴的性情和品格：

1."食草木，饮涧泉，采山花，觅树果""与狼虫为伴，虎豹为群，獐鹿为友，猕猿为亲"和"夜宿石崖之下，朝游峰洞之中"，突出他的自由天性，他的热情与活力，他的良好而广泛的人际关系。

2."我进去！我进去！"

这就是"皇帝轮流做，明年到我家""强者为尊该让我，英雄只此敢争先"的猴头！英雄之所以成为英雄，往往并不仅仅在于他做了什么，还在于他意识到自己所承担的使命。不管里面是什么，都要往前闯一闯。

3."瞑目蹲身""一纵""住了身，定了神""再走再看"，一系列动词，展现了一个举重若轻、胆大心细、机灵而又智慧的石猴。

4."真个是我们安身之处，里面且是宽阔，容得下千百口老小。我们都进去住，也省得受老天之气。"

探得好去处，想到的是众猴同去。有难独当，有福共享，现代的领导人要学学石猴的素质。

5."你们才说有本事进得来，出得去，不伤身体者，就拜他为王。我如今进来又出去，出去又进来，寻了这一个洞天与列位安眠稳睡，各享成家之福，何不拜我为王？"

自此，石猴高登王位，将"石"字儿隐了，遂称美猴王。

有点猴急，但却不乏王者的自信。"美猴王"这一名号，很有意思。美哉猴王，美在哪里？这是可以收得住全篇的一个话题。我记得看云在上这一课的时候，以愿意选择做"众猴中的一只"还是做"石猴"为话题结课，也是很有意思的。这便是建构作品的意义，找到作品与自身的贯通点。

此外，作为《西游记》的节选，还有一个任务就是引发学生阅读《西游记》的愿望。照我对学生阅读心理的猜测，大概学生不会因为《猴王出世》中的语言很有特色，就去找原著来阅读。假如抛给学生一些话题或者问题，他们阅读原著的兴趣就有可能会被激发出来。例如：

1. 这一课中石猴将自己的名号改为"美猴王"，在后来的故事中，他还有哪些名号？是在什么时候什么情况下命名的？

2. 西游路上，谁的法力最高？谁的兵器最厉害？九九八十一难里，你认为哪一难过得最为艰难？

……

我觉得，较之王老师把品读具体词句的表现形式当作本课教学重点，张老师的设计更合适，因为文学作品用这样的方式来教效益更大。另外张老师在自己的文章里还补充道——

窃以为，《西游记》中对人物形象的刻画，并不是十分出色……比起《水浒传》来逊色很多。我觉得吴承恩的《西游记》最大的贡献在于将神话、童话的特性融在小说里，其丰富的想象力是让人惊叹的。

尽管如此，王老师上这堂课的意图——语文不能得鱼而忘筌，要由重"内容"转变为重"形式"，让学生通过学习，培养起关注课文如何运用语言文字、如何变得"精确妥帖"的兴趣，提升语文素养——完全是正确的。

李海林先生对语文教材的价值有过一段十分精辟的论述：

语文教材是由相互之间在内容上没有必然联系的若干篇文章组成的。这些文章，原本并不是作为教材而编写的，而是作为一种社会阅读客体存在的。它们原本作为社会阅读客体而存在的价值，可称之为"原生价值"。

……

但是，这些文章一旦进入语文教材，它们的价值便发生了增值和变化。它们原本所有的传播信息的价值仍然得以保留，同时又增加了一种新的价值，即"如何传播信息的信息"。这种"如何传播信息的信息"即我们所谓的"教学价值"。

……学生阅读教材里这些文章的目的本质上不在获得它们所传达的信息本身，而是这些文章在传达信息的时候所产生的"如何传达信息的信息"。我们称这种"如何传达信息的信息"为"言语智慧"。

以上论述从学理的层面为我们诠释了"内容"与"形式"的概念以及关系。"如何传播信息的信息",我的理解,就是"怎么写"或者是"表达形式"。如果教师在教学中不着眼于帮助学生获得言语智慧,那么语文课就会失去其本质。

那么是不是只有关注了课文"怎么写"才是真正的语文课?

通过上面的阐述,我可以负责任地回答,是的。

学生阅读一篇课文,首先是了解其原生价值,因为原生价值是显性的,是在前台的。小学生对教材的原生价值都能自己读懂。于是,有些老师在教学中常忍不住把基于自身经历而产生的对原生价值的解读传递给学生。我认为没必要这样做,因为即使传递了,学生没有相关的经验,也体验不到。倒不如留下一点空白,等学生人生经历丰富了,让其自行体悟。与之相对,教材的教学价值是隐形的,是在后台的,是学生不会自觉关注的,是他们读不出来或者读不懂的,必须由老师来教。比如《荷花》一课中的"白荷花在这些大圆盘之间冒出来"。学生自己读"冒"字,只能感受到是"生长"的意思。经过教师的指点,就能体会到"冒"字写出了细长的花茎从荷叶间伸出与水面的荷叶形成的一种独特的视觉效果。再如鲁迅的名句:"在我的后园,可以看见墙外有两株树,一株是枣树,还有一株也是枣树。"学生读,所能掌握的原生价值就是后园有两株枣树。但通过教师的教学,学生就能体会到这种特殊的表达方式写出了作者观察视线的转移。由于教材的教学价值不仅处于后台,而且还紧紧地与教材的原生价值相融在一起,教师在教学中经常会不经意地将其混淆。如何解决这个问题呢?我以为,关键是教师要在钻研教材、设计教案、实施教学、检测评价等各个环节中始终具备一种明确的意识——在语文教学中,学生掌握教材原生价值不是阅读的最高目的,掌握"如何传达信息的信息"即"言语智慧",才是最高目的。

有的老师认为关注表现形式就是抽象地讲解写作方法,会使课堂教学变得枯燥教条,这是一种误解。一篇真正的好文章,其表现形式必然与内容紧密结合,所以不可能出现抛开内容空讲形式的情况。没有了内容,形式也就没有了。我们还可以从另一个角度作一番比较。如果着眼于内容进行教学,教师的讲授就会因为学生已经懂了,或者学生当下不可能懂而变得多余。如果从形式入手,既能使学生在课堂上完成从不会到会的过程,还能组织学生开展言语实践活动。这样就能将语文课真正上成言语实践课,而言语实践课才是语文课的本质面目。

在言语实践课上，阅读与表达紧密相连，不能分割。学生在学会表达的同时必定能更好地体会内容。在运用表达技能的过程中，学生能感受母语的美妙，获得成功感，增强学习母语的兴趣。如果设计得当、巧妙，通过言语实践，教师还能对学生进行情感熏陶，传布普世价值，开展思想启蒙。

看到这里，读者一定会想到，其实在现实的教学活动中纯粹指向内容教学的课几乎没有，绝大多数的语文课里都是既有指向内容又有指向形式的教学环节。正因为两者混杂，目标不清，所以影响了教学效率。王尚文先生讲，语文教学要始终着眼于语言文字怎么把人的情、意在文本中实现出来。所以，当下厘清教内容还是教形式的问题，至关重要。

小学语文教材中的课文大致可以分成文章与文学作品两类。不同类的教材，教学目标就会不同。教文章，是为了让学生掌握言语技能，能用语言文字自如地表达。教文学，是为了滋养学生的心灵，培养其审美能力，丰富其精神世界。文章教学的目标，人人都应该达到。文学教育的目标，不需要人人都达到。事实上，也不可能人人都达到。要讲清这个问题，就是另一篇文章了。这里先按下不表。不同类的教材，教学课型也应该不同。教文章就必须上成言语实践课。因此，我想，如果王春燕老师选一篇文章而不是文学作品，来实践从重内容到重形式的转变，效果一定会更好，问题一定能说得更清楚。

教内容还是教形式，本不是个问题，因为学界对此已经有了研究成果。对于小学语文教师而言，要做的不是无谓地争论，而是学习研究成果，将其创造性地应用于自己的教学实践中，并总结出实践经验。

2009 年 4 月 25 日

关于文章教学和文学教育的发言

小　引

2017 年 4 月 15 日，我在杭州执教《冬天》一课。课上到最后，为孩子们朗读文中片段，我不禁动情哽咽。课后，一位听课老师说，自己听着听着也落泪了，并问在这样好的气氛中为什么不再提升一下，为什么不再深挖下去，为什么不再让学生了解一下老师的阅读体验呢。

这位老师的问题引发了我关于文章教学和文学教育的两次发言。

一

我把小学语文课分成两个部分：文章教学和文学教育。文学课是不讲标准答案的，文学课是指向学生和老师的内心的，文学课不是用来学习规范的表达的，文学课更不能用来考试。这是文学课的几个重要特点。这位提问的老师，观察得很仔细，听得很认真，竟听出了我的哽咽。我当时是哽咽了。这一课是第三版，是上课当天早晨六点钟刚刚改好的，加了一些原来没有的东西，调整了一些原有的东西。与之前的版本相比，大致教学的线索相同，但在具体的教法和讨论的切入点上有很多不同。有的老师可能看到过我第一版的教学实录，比较一下，能找到的。

我为什么哽咽？因为想到我父亲了。清明节过去不久，之前刚去扫过墓，一下子就想到了。为什么想到了？因为在我小的时候，我们没吃过白水豆腐，但是我们吃过白水肉，就是猪肉用白水煮，煮完了以后夹起来，前面也有个酱油碟，蘸蘸酱油，非常好吃，当然这和猪肉也有关系，现在的猪肉不行，没法经得起这样的白煮了。朗读时的背景音乐也是早晨加进去的，之前的版本里没有音乐。早晨加进音乐的时候，我还和着音乐读了几次，没有流泪，很平静，当时更多地注意到了朗读技巧上的一些问题。课上的朗读，从朗读技巧上来讲，是不能令人满意的，但确实一下子感动了。为什么早晨准备的时候，没有感动，在课堂上，我却感动了呢？那是因为听了小朋友们的交流发言。小朋友们的交流发言，形成了一个很大的文学磁场，人在磁场中就被感染了。流泪和整个空间场域是有关系的。

为什么不再升华一下呢？因为它是文学课。文学课是师生围绕着一个共同的话题，围绕一个共同的文本来谈自己对这个文本的理解，谈由这个文本联想到自己的生活、自己的情感的感受。文学课是派这个用场的，是一种精神活动，这和文章教学不一样。在文学的课堂上，老师只是一个先行者。老师不过是多一些阅读的经历，多一些人生的阅历，多一些人生的感悟。有了这些感悟之后，看到一个文学作品，老师平等地把自己的感受说给学生听，或者是引导学生，告诉他们老师用这样的方法去感受这个文本，你们也可以用用看。这是一种绝对平等的交流状态。在课堂上，你可能会听到不确切的理解，不很清楚的表达，没有关系，这就是文学的课堂。因为我可以等待，我已经比学生多活了几十岁，我不需要学生说得和我一样，也不企盼学生说得和我一样。学生只要说出自己想说的，只要说出自己能说的真实的感受，就可以了。这就是我对文学课的理解。

当课马上就要结束时，我读了文中的一段话，打动了自己，可能也打动了一部分听课老师，可能还打动了一部分学生，那就足够了。我不知道他们到底因为什么而感动。我知道他们不感动，是因为他们没有这样的生活阅历，所以不感动是正常的。当然，他们感动也是很好的。在这样的情况下，到此为止。当止则止，是为智也。

我们现在教小学生去读名家名著，读最经典、最好的作品，只不过是在做一个播种的事情，只不过为小朋友一生喜欢文学阅读，一生喜欢阅读做基础工作。你没有办法把想要讲的一口气讲光，你也不要奢望一口气全都讲光。即便你真的有这个才能，一口气讲光，学生也无法照单全收，因为文学阅读是一辈子的事情。所以，你得作好这样的准备——今天的这堂课，我没有想过马上得到结果。我只要在孩子的精神家园中给他放几块垫脚石。我在做有利于他一生的事情。基于这样的思考，你就会明白，即便真的要提升，你也找不到合适的方式。因为你无法真正了解班级中每一个孩子的生活，家庭的具体情况。文学、音乐、绘画这样的艺术作品，它们都需要通过与读者观众对话来实现其价值。真正的对话是在"你和我"之间，不是一堆人叽叽喳喳，是"你和我"面对面地、坦诚地对话。在班级授课制的形态下，无法进行一对一的对话。所以，课上到这里，就结束了，也应该结束。

语文教材中的课本，绝大多数是文章。文章教学就是让学生通过一篇一篇课文的学习，掌握语言文字运用能力。语言运用能力是可以通过考试或其他方式的检测来判断是否掌握的。如果学生没有掌握怎么办呢？那就要补课，老师就要反思为什么没有把学生教会。

如果完全用文章教学的形式教《冬天》，那么首先要采用原文。原文由三个部分组成，第一部分讲父子情，第二部分讲朋友情，第三部分讲夫妻情。这篇文章应该放在六年级教比较好，教学目标可以定为引导学生体会作者选材组材、遣词造句的匠心。教学流程可以分成这样几个步骤：

第一板块，是疏通文字，把文章读通。这篇文章要读通不容易，有些句子比较拗口，还有一些重点词语要理解。采用的方法主要是学生自主理解字词。

第二板块，主要是梳理整篇文章的大意以及脉络。学生自己阅读课文以后，请学生来说，你比较喜欢哪个小节，并且说明理由。在学生说理由的过程中，学生在黑板上梳理出全文线索——父子情、朋友情、夫妻情。

然后，用第一段作为一个例子。因为大部分孩子都会喜欢第一段。最喜欢第一段中的吃白水豆腐。把这一段读熟，圈画出动词，引导学生去辨析，为什么按照这样的顺序运用这些动词。还可以把有些动词换成别的，讨论为什么原来的更理想。因为原来的动词将父亲的关爱充分地表现出来了。

第二小节写朋友情，篇幅也不长，也是用这个方法去体会作者在遣词造句方面独特的地方。组织学生讨论：哪些词句表现了当年朋友之间的交往，让作者留下很深的印象？为什么这些词句很好地表现出了那样的情感？这个部分不必像第一小节那么周全，因为值得讲的语句不是特别多，只要在老师的帮助下体会一下就好。

第三个小节，完全放开，让学生用学过的方法自己学。学习的主题是体会作者遣词造句的好处。讲完这些，学生对文章情感、语言文字的特点都已经能理解了。这时，再回到文章的整体，让学生讨论：这篇文章到底重点写哪种情感？为什么重点是夫妻情，却要拿另外两种情感放在一起去写？这样选材组材的用意是什么？让学生讨论，这有难度，但六年级的孩子应该尝试一下。

最后一个板块，拓展一下，提升一下。提升什么？这篇文章里反映的是朱自清先生的人伦观。传统文化中有五伦的概念，即君臣、父子、兄弟、夫妇、朋友五种人伦关系。这是中国传统文化中的一个重要内容，可以借助文章讲给学生听。这也是三个材料能够组合在一起的一个重要依据。

如果用文章教学的方式上这节课，我会非常关注语言表达能力的形成。不管是基本字词的认识、理解，还是遣词造句方法的理解和运用，都是学生必须掌握的。全班都应该掌握。这和文学欣赏课不一样，文学欣赏课上讲解的内容不需要人人都掌握，也不可能人人都掌握到同一个层次。

文学课是从文学进入，体会语言风格，感受人物形象和情感，学习阅读文学的基本方法。通过对话，获得一种感悟，获得人与我之间对话的感悟，获得我与我之间对话的感悟。文章教学，从语言文字进入，触摸到思想情感后，再回到语言文字上，让学生最终获得语言表达的能力，而不是一种感悟。当然，文章教学中也会有感悟，但那绝对不是主要教学目标。同样，文学课也能促进学生的语言表达能力，但那不是文学课的主要目标。在文学课上认字分段归纳段意，岂不是大材小用？

一篇好的作品，可以用文章的方式教，也可以用文学的方式教，关键是看如何能让作品的效益最大化。

二

中国是文章大国，自古以来，汉语教学就是文章教学。如果大家留意过许嘉璐先生的一本小书，叫作《古代文体常识》，那你会发现，古人对文章的研究和实践，是非常深入的。

为什么小学语文教学应该以文章教学为主体呢？那是因为小学生需要在课堂里学习规范的表达，这种学习是需要操练的。虽然小学生入学之前就已经会说话，已经有母语基础，但会说话和规范的表达，规范的书面表达和规范的口头表达是不一样的。

我们每天教语文课，实施语文课程，我们有目标，有任务，是否完成任务得经过各种形式的考试来检验。比如说，低年级以识字为主；中年级有了一定的识字量后，以阅读为主；在中高年级，再增加习作教学。这样一个序列，是课标上规定的。课标是我们走进语文教室之前必须去看、必须去研究的一个纲领性的文件。每一个学期最起码要安排一次教研活动来研读课标。不仅是语文课，各个学科都应该如此。

在语文课上，怎么教会学生规范表达呢？用教材，用课外拓展的文章或者一些书籍，循序渐进地教。字词识记、词句积累、段落篇章的理解、运用，口头书面表达能力的获得等等，都要依据年段特征逐步落实。在教的时候，还要留意班级里那些学习能力弱的，家庭教育环境不好的学生。我们经常可以看到在朋友圈里，有些同行发一些学生写的优秀作文或者有意思的作文，我从来没有见过谁把班级里那些最差的作文发在朋友圈里。要让全班孩子都达到课程标准上的要求并不容易。所以，从这个角度来讲，文学是第二性的，文章是第一性的。因为文学的层次更高。就好像一个小孩子，还没有学会走路，你也只能让他慢慢地爬，然后慢慢地学着走路，你绝对不会要求他去百米冲刺。当然，也有这样的案例，一个孩子没怎么学课本，甚至上语文课经常开小差，在干什么呢？他自己在阅读，大量地阅读，最后他语文也学好了，而且学得非常好。我想，这样的例子只能发生在最优秀的学生身上，绝大部分学生做不到。

我在教学时，经常提醒自己——不是所有的孩子都有天赋，或者是对语言很敏感。还有很多孩子对语言是不敏感的，他靠自己大量的阅读是读不出什么的。人是有差异的。这是从事基础教育工作的人必须清晰清醒地认识到的一个极端重要的问题。

我小时候是一个文学少年。后来，成为文学青年。在文学青年时代我一直想要写一部小说，提纲都已经列好了，但由于各种各样的原因没有写成。不过，那些主人公的名字我一直舍不得放下，于是当我写《赵清遥的作文故事》的时候，我把那些名字全用进去了，也算了却了一桩心愿。而现在是文学中年了，我每年还保持着阅读长篇小说的习惯。有时，还动手写写格律诗，诗不好，但格律肯定是对的。

但是，当我走进教室的时候，我从来没有想过把全班孩子都培养成文学少年。班级里会有对文字很敏感、对文学很喜欢的孩子，你想要培养，可以的。课外，单独地、一对几个地去做，效果会很好。在课堂里面，面对几十个孩子，我首先关注的是那些句子写不通的孩子，说句整话都说不清楚的孩子。我要想办法让他们写得通，说得明白。这只能由文章教学来完成。对着错别字连篇，写个小练笔都要咬断铅笔头的孩子，你让他们整天感受人物形象，教他们写富有意蕴的句子，那真是误人子弟。

说到底，文学是小众的，但小学教师的日常工作是面对普罗大众的。叶圣陶先生说过的一小段话，把我现在说的一大段话的意思全都说清楚了。

我也知道有所谓"取法乎上，仅得其中"的说法，而且知道古今专习文学而有很深的造诣的不乏其人。可是我料想古今专习文学而碰壁的，就是说一辈子读不通写不好的，一定更多。少数人有了很深的造诣，多数人只落得一辈子读不通写不好，这不是现代教育所许可的。

——《叶圣陶语文教育论集》

前人认为，基础教育阶段的语文课，就是一种文章教学。文学作品进入到课本里后，它就是文章，小说、散文，甚至是戏剧，都可以把它看作文章去教。这是有道理的。但现在，我提出另外的一个观点——以文章教学为主体，部分文学作品用文学的方式来教，可能效果更好。像《凤辣子初见林黛玉》这样的课文，就建议不要当作文章来教，不要讲什么神态描写、外貌描写，还是应该用文学鉴赏的方式去讲。但是，在小学阶段，这样的例子不很多。有的时候，为了让学生更好地理解文学作品，可以在结构相对简单的文学课中使用一些文章教学里常用的方法。《冬天》一课就是这样做的。

阅读文学是滋养自己的内心，阅读文学是感受别人的生活，而这样的生活是自己没有办法、没有机会去经历的。汪曾祺先生曾经说，好的文学作品应该是有益于世道人心的。那么，我们作为一般的读者去阅读好的文学作品就是要让自己的人性变得更好，懂得悲天悯人，推己及人。

还是那句话，阅读文学是和自己对话，是和作者对话，是和芸芸众生中的一个特别的他对话。因此，它需要读者有基本的阅读力、鉴赏力。而基本的阅读力和鉴赏力是通过文章教学来实现的。我们用心去教，让小学生掌握基本的运用语言文字的能力。如果遇到"几棵好苗子"，你在课外多施"一份肥"，多出一份"收成"，是意外之喜。没有遇到，也是再正常不过的。有的孩子喜欢背唐诗宋词，有的孩子喜欢做鸡兔同笼，有的孩子喜欢"在阳台上种菜"。都很好！世界本该如此丰富多彩。

我想，今天把我对于文学教育与文章教学的理解说得很清楚了。

谢谢大家！

2017 年 4 月 20 日

关注表达形式，指导言语实践

2011 版《语文课程标准》上说，语文课程是一门学习语言文字运用的综合性、实践性课程。这短短的一句话为小学语文教学指明了方向，也对教师更新教学观念提出了要求。沪教版小学语文四年级教材中有一篇课文叫《狼和鹿》，是篇不长的说理文。文章主题是，森林中的狼和鹿是相互依存的，缺一不可。下面我用自己执教这一课的案例来介绍我对语文课程定义的理解。

一、关注作者的表达形式是学习运用语言的基本前提

小学语文教学要培养学生学习运用语言文字的能力，要着力发展学生的语言素养。落实途径就是引导学生关注作者的表达形式，即在理解作者写了什么之外，还要懂得作者是怎么写的，为什么要这样写，并逐步将这些"理解"和"懂得"变成自己的阅读能力、口头书面表达能力。

《狼和鹿》全文只有四个自然段，第一段写森林中原本居住着狼和鹿。第二段写当地居民因为狼吃鹿而组织狩猎队猎杀狼和其他鹿的天敌。第三段写鹿失去天敌后大量繁殖，毁坏森林，影响了自己种群的健康。第四段总结了狼和鹿相互依存的关系，指出人们没有想到狼其实是保护鹿群和森林的功臣，鹿才是毁灭自己的祸首。课文内容不深奥，学生读完即可明白作者的写作意图。所以不能再从内容出发进行教学，而要从作者如何写的角度解读文本。比如文章第四自然段——

人们做梦也不会想到，他们捕杀的狼，居然是森林和鹿群的"功臣"。狼吃

掉一些鹿，使鹿群不会发展得太快，森林也就不会被糟蹋得这么惨；而且，狼吃掉的多半是病鹿，反倒解除了传染病对鹿群的威胁。而人们特意要保护的鹿，一旦在森林中过多地繁殖，倒成了破坏森林、毁灭自己的"祸首"。

第一句概括写出狼是"功臣"。第二句用递进的方式分两个层次写狼是"功臣"的原因。最后一句概括写鹿是"祸首"。整段话从狼和鹿两个角度阐述了它们的关系。

中年级语文教学应以段的教学为抓手，引导学生体会句子之间的关系，学习基本的段落形式，初步建立篇的概念。基于以上分析和认识，我为该自然段设计了以下教学环节：

1.从文章中找出直接描述狼和鹿的关系的句子。

2.先后引导学生理解"而且""而"的不同作用及句子意思。

3.句式练习：

如果森林里没有狼，_____。

如果森林里没有鹿，_____。

4.归纳成句：

如果森林里没有狼以及其他鹿的天敌，森林将被鹿破坏，鹿还会毁灭自己。

5.小结：

课文第四自然段从两个角度写清了狼和鹿的关系，它其实就是由上述这句话铺展而成的。整篇文章也是基于这个意思一点点铺展开来的。让我们继续学习，思考文章是如何一点一点把作者的想法写出来的。

这个段落里的环保主题学生可以自己读出来，但是作者阐述主题的方法学生是无法自己看懂的。这就是语文课上要教授的内容。因此，教师备课时必须先读懂文本，找到"语言点"，然后依据年级要求，设定教学目标和内容。细读作者的表达形式是引导学生学习运用语言文字的基本前提。那么，教师如何提高自身的文本解读能力呢？除了多读书，增加阅读体验，多学习别人解读文本的实例，没有更好的方法。

二、设计实施言语实践活动是学习运用语言的根本途径

教学目标确定后，就要设计有效的言语实践活动，让学生参与、体验，以达成目标。我给《狼和鹿》设定的主要目标是"巩固已学的先概括后具体的写作方法并加以运用"。这是因为课文第二、第四自然段中都用到了这个方法，而且十分典型，适合作为教学的材料。于是我先设计了以下教学环节：

1. 引导学生用学过的"先概括后具体"的方式分析作者是如何将"当地居民恨透了狼"写具体的。

2. 体会作者是如何将一句话写具体的。比较句子，懂得添加关键词可使句子完整且抒发作者情感：

森林里响起枪声，狼一只跟着一只被打死。（改写句）

枪声打破了大森林的宁静。在青烟袅袅的枪口下，狼一只跟着一只，哀嚎着倒在血泊中。（课文原句）

3. 用体味关键词的方法分析以下段落：

可是，随着鹿群的大量繁殖，森林中闹起了饥荒。灌木小树、嫩枝树皮……一切能吃的都被饥饿的鹿吃光了。整个森林像着了火一样，绿色在消退，枯黄在蔓延。紧接着，更大的灾难降临了。疾病像妖魔的影子一样在鹿群中游荡。

上述环节中先是复习"先概括后具体"的方法，帮助学生加深印象——"具体"要通过多个角度、多层意思的阐述才能实现。再是引导学生明白添加关键词也可以使句子具体完整，还能将作者情感隐含其中。最后用文中另外的段落让学生操练巩固体会关键词作用的方法。这些环节都是用读读议议的形式，让学生充分表达意见，我只是适时点拨。随后，进入下面的教学环节：

1. 出示段落，复习巩固"先概括后具体"的方法：

人们做梦也不会想到，他们捕杀的狼，居然是森林和鹿群的"功臣"。狼吃掉一些鹿，使鹿群不会发展得太快，森林也就不会被糟蹋得这么惨；而且，狼吃掉的多半是病鹿，反倒解除了传染病对鹿群的威胁。

2. 引导学生改写课文段落，运用"先概括后具体"的方法：

人们做梦也不会想到，他们保护的鹿，居然是森林和鹿群的"祸首"。＿＿＿
＿＿＿＿＿＿＿＿＿＿＿。

　　3. 交流讲评，总结。

　　学生记住"先概括后具体"的概念不难，但要达到自如运用则需多加练习。和前面同类的练习比较，这次难度更大些。因此我先让学生辨识环节一中的段落用到了"先概括后具体"的方法。然后再引导学生发现"祸首"这个部分只有概括而无具体。接着提供句式，让学生利用文中相关句子将"具体"部分补充完整，完成书面表达练习。之前学生利用关键词分析过一个段落，对其内容已比较了解，而那些内容正好可以具体说明"祸首"。因此，学生们几乎不看书本，也能说出大段的句子。如此，既内化了课文语言，又操练了"先概括后具体"的方法。

　　想让学生获得运用语言文字的能力，一定要扎扎实实地教。教，要讲究方法。枯燥地灌输概念，最要不得。让学生比较，让他们自己去发现语言的秘密，让他们有足够的时间练习口头书面表达，才能激发他们的学习积极性。还应该依据学生的学习规律，设置新授、练习、巩固、反馈等过程，及时了解学生的学习情况。教学环节应该有坡度，扶放妥帖。另外，还应该充分用好教材，精心设计，用设计感吸引住学生，将教材的作用发挥到最大。《狼和鹿》中的第四自然段，我在教学中用了两次。一次用来体会句子关系，一次用来练习写段。第三自然段也用了两次。一次是体会其中的词语作用，一次当作写段的素材。这些段落的反复出现、使用，让学生对课文内容和表达形式加深了了解。

　　具有设计感的语言教学环节能让指导学习语言运用的过程充分地展现，让学生从不会到会，那样教学目标才能真正实现。

2013 年 4 月 19 日

关注表达，提高语言素养

中小学语文课程的核心任务是提高学生的语言素养。语言素养包括了听说读写等言语交际能力、积累语言的能力、语感能力，语言学习的方法、习惯、思维能力，还有母语情结、审美情趣、文化品位、知识视野、学习态度、思想观念等。

那么如何提高小学生的语言素养呢？

2011年版的《语文课程标准》上说："语文课程是一门学习语言文字运用的综合性、实践性课程。义务教育阶段的语文课程，应使学生初步学会运用祖国语言文字进行交流沟通，吸收古今中外优秀文化，提高思想文化修养，促进自身精神成长。工具性与人文性的统一，是语文课程的基本特点。"这段话十分明确地对语文课程的性质作了界定。在小学、初中的语文课堂上，教师应该致力于帮助学生习得运用语言文字的能力，学会利用口头表达和书面表达来与他人交流，清楚地表述自己的见闻感受。学生在教师的引导下，关注课文作者的表达特点，并学习体悟，模仿练习，才能将其转化成自己运用语言文字的能力。反之，如果教师在教学中只是关注课文内容，只在内容分析上用力，就会造成学生知道了作者写了什么，而不知道作者为什么要这样表达。如此，就会妨碍学生语言素养的提高。

一、抓住关键词句，理解作者表达特点

小学生要学会表达，自如地运用语言文字，首先得向课文学习。虽然小学语文教材常常遭到各种有理由或者没理由的批评，也有越来越多的专家、教师

致力于语文教材的建设、改革，但在今后比较长的时间内，语文教材依然会以文选的方式呈现。所以教师认真钻研好的课文，读懂作者的表达方式，了解独特的表达方式背后的情感、思路，是落实关注表达的基础。教师读懂了，才能有效地引导学生去感受。

比如《将相和》一课中有一段：

廉颇很不服气，他对别人说："我廉颇攻无不克，战无不胜，立下许多大功。他蔺相如有什么能耐，就靠一张嘴，反而爬到我头上去了。我碰见他，得给他个下不了台！"

从这段话不难读出廉颇的骄傲自大，如果教师上课时，让学生交流从句子里感受到廉颇是个怎样的人，学生几乎不用思考就能回答出来。如果教学只是停留在这样的一问一答上，那么学生的语言敏感性就得不到发展。我在教学这个环节时设计了以下内容：

（出示两个句子）

1. 他蔺相如有什么能耐，就靠一张嘴，反而爬到我头上去了。我碰见他，得给他个下不了台！

2. 蔺相如有什么能耐，就靠一张嘴，反而爬到我头上去了。我碰见他，得给他个下不了台！

师：请大家比较两个句子，看看有什么区别。

生：一句话多了一个"他"字。

师：多了一个字，会不会影响句子的意思呢？请大家先读一读，再交流。

生：两句话的意思是一样的。

师：那么它们不一样在哪儿呢？请听老师读。

（教师用不一样的语气朗读两个句子）

生：加了一个"他"字，廉颇骄傲的口气就更明显了。

师：请大家自己再读读看，感受语气的不同。

通过上述教学，学生不仅感受到廉颇的自大，更学会了感受字词的感情色彩，以此了解作者的价值取向。

说了理解字词，再说说理解篇章结构。日常听课时，常听到教师对着小学生传授人物的语言、动作、神态、心理、外貌描写，正面描写和侧面描写，主要人物与次要人物等概念。过去有段时间，上语文课就是讲感悟谈感受，一点儿语文知识也不能提。而现在，大家开始关注语用，关注语文知识，一堂课结束，概念术语一黑板。久而久之，学生倒是能熟练背诵这些概念了。可是，这有什么用呢？概念不是不能说，但不能只有概念的机械灌输。教师要想办法让概念变成孩子的能力。

引导小学生理解文章的表达特点，不等同于让小学生记住作者用了什么写作方法。小学生读文章学习表达技能与成年人文本细读搞文艺评论完全是两回事。对小学生而言，了解写作方法是次要的，最重要的是让学生自己发现作者的行文思路，有了一次二次三次甚至更多的发现体验后，学生就能掌握阅读策略与方法，就能更好地自己读，读多了自然就会学着表达。中高年级教学中尤其要注意这个问题。

我曾经用朱自清先生的《冬天》一文上课外阅读课。在分析夫妻情一节时，先让学生谈谈对文中描写温暖和寒冷的句子的感受。根据学生的发言随机在黑板上板书他们提及的几个地点，还特地将字写成由小到大——

师：这句话就像一个特写镜头（板书：特写镜头）将浓浓的亲情变成了一幅画面。请大家来观察板书：

住在台州

住在山脚下

住在楼上

特写镜头

师：大家有什么发现？

生：地点好像是由远到近的。

生：好像是一个一个小镜头。

师：是的。作者巧妙地选择了四个小镜头，逐步推近，就像电影镜头一样。随着镜头的推近，我们感受到情感的浓烈。如果说写夫妻情，借用了地点变化，那么父子情里就暗含了时间的变化，时间和地点可以变，不变的是作者与家人的情感。

通过比较板书，学生发现了作者的行文思路，并能了解到行文思路背后寄托着作者的情感。同时，也学到了阅读的方法，锻炼了思维能力，培养了语感能力。"由远到近"不是教师硬塞给学生的，而是他们在教师的引导下自己发现的，发现的过程是这个环节中最有价值的。

虽然课程标准中说，语文课程是学习语言文字运用的课程，但这并不是说就不需要"理解"。其实，理解作者的表达特点恰恰是"运用"的先决条件。如果没有充分的理解，看到一个"总分总"，看到一个"先概况后具体"，就急急忙忙地让学生仿写，虽然学生可能学得像，但却不会真正理解为什么要用"总分总"，如何使用"先概括后具体"。而这一点正是最应该教会学生的。

二、精心设计教学，增加言语习得经历

前面提到关注作者的表达特点不是简单的概念灌输，机械的操练，生硬的模仿。那么应该如何做呢？

首先，教师应先通过文本细读深入理解课文。然后根据课程标准、单元教学目标以及学生的学习基础，制定教学目标，确定教学内容。接着再精心设计教学环节，以实现教学目标。运用语言文字的能力只能通过言语实践活动才能获得，不说不念不读不写而要达到会说会写之目的，无异于痴人说梦。而小学生的学习心理又决定了一成不变、单调的教学形式不利于其有效学习。因此，教学环节必须为学生学习运用语言提供足够的时间与空间。教师在必要的指导之后，尽量少讲，让学生多讲多练多思考，增加语言学习的经历。让学生在学习中遇到困难，并帮助他们解决之，逾越之。只有精细科学的教学设计才能吸引学生，激发其好奇心和学习动力，为学生创造理想的学习过程。

关注表达，一方面是关注课文或者其他文本作者的表达，另一方面就是关注学生的表达，帮助学生获得良好的语感是提升学生语言素养的核心任务。学生既要学会规范地表达，又要学会得体地表达。不管是说话还是作文都要看清对象，分清场合。要达到这个目标，并不容易，需要充分利用课文材料，设计言语活动，勤加练习。

还以《将相和》一课为例，我先让学生通过辨析句子交流对蔺相如的印象，

然后安排了以下环节:

师：作者先是写蔺相如胆子大，后来又写他胆子小。蔺相如到底是胆大还是胆小？

生：我觉得蔺相如胆子很大。

师：下面我来扮演蔺相如手下的小官，请同学来扮演蔺相如，解释一下胆大胆小的问题。

（随机挑选学生）

师：蔺大人，你连秦王都不怕，怎么现在会这样怕廉颇呢？

生：秦王我都不怕，会怕廉将军吗？大家知道，秦王不敢进攻我们赵国，就因为武有廉颇，文有蔺相如。如果我们俩闹不和，就会削弱赵国的力量，秦国必然乘机来打我们。我所以避着廉将军，为的是我们赵国啊！

（再选一个学生）

师：蔺大人，最近我们几个随从觉得很没面子，您官比廉颇大，为什么这样怕他。大家都在议论，我们不打算跟您干了，今天来跟您辞行。

生：且慢，请听我说。我怎么会怕廉将军？秦国比我们强大，他们之所以不来进攻我们赵国，是因为我与廉将军同心协力保卫国家。如果我们两人闹不和，不是让秦王有机可乘吗？

师：哦，原来是这样，我明白了。（暗示学生挽留"随从"）

生：现在你还打算离开吗？

师：蔺大人，现在我们不打算走了。

上述教学环节中的口语交际练习是我读了原著之后设计出来的。一方面能让学生进一步熟悉课文，内化课文语言。另一方面也是用一种活泼的形式激发学生参与学习活动的积极性，通过口语练习体会如何在特定的语境中妥帖地表达。如果常做这类练习，慢慢地，学生就会获得良好的语言感觉，而且提取整理信息的能力和思维能力都会得到发展。

综上所述，关注表达绝不是机械地分析作品创作方法，功利盲目地读写结合，而是先从"文"中发现"人"，再观照"我"。概念也好，术语也罢，都应该化作巧妙的教学环节，潜移默化地成为学生的言语技能。如此，学生不仅能用规范的语言来交际，还能通过对语言的理解运用认识外部世界，丰富内心世界。如果教师从这样的角度认识听说读写训练，那么教学目标的制定、教学内容的确立、教学方法的选择、教学评价的运用等诸多方面都会面目一新。

2014 年 6 月 16 日

读《叶圣陶语文教育论集》

　　记得某次有家媒体采访我，问起有没有一本书，是每年都要拿出来读的。对于我，这样的书不止一本，第一本就是《叶圣陶语文教育论集》。

　　1992 年，因为一所小学缺少师资，所以我提前半年从师范学校毕业，走上小学教师的岗位。教了一个学期数学后，我向校长提出，想教语文。校长答应了。可是怎么教呢？心里没底——还是向书本求教。1992 年 6 月 30 日，我在南京东路新华书店学术书苑买到了上下两册的《叶圣陶语文教育论集》。之所以记得那么清楚，是因为购书发票一直夹在书里。

　　一本书，读了 20 多年，读出些什么呢？说出来，读者诸君一定会惊讶——第一是感到惭愧。抄几段老先生的话在下面：

　　道德必须求其能够见诸践履，意识必须求其能够化为行动。要达到这样地步，仅仅读一些书籍与文章是不够的。必须有关各种学科都注重这方面，学科以外的一切训练也注重这方面，然后有实效可言。国文诚然是这方面的有关学科，却不是独当其任的唯一学科。所以，国文教学，选材能够不忽略教育意义，也就足够了，把精神训练的一切责任都担在自己肩膀上，实在是不必的。

　　我们经常说，语文课要有语文味，不能把语文课上成品社课、历史课、地理课等。语文课要教授语文本体知识，训练语文本体能力。但有的老师一讲课文，就习惯性地围绕思想教育展开。叶先生说这番话的时候，国家正处于抗战时期，可以想象，那个年代中的青少年思想教育何等重要、何等迫切，可他却明确地提出思想教育问题，不是语文一个学科可以承担得起的。

　　那么语文教学"独当其任"的"任"是什么呢？叶先生说：

那就是阅读与写作的训练。学生眼前要阅读，要写作，至于将来，一辈子要阅读、要写作。这种技术的训练，他科教学是不负责任的，全在国文教学的肩膀上。

这种训练是否就是让学生多读多写呢？叶先生说不完全是。

所谓训练，当然不只是教学生拿起书来读，提起笔来写，就算了事。第一，必须讲求方法。怎样阅读才可以明白通晓，摄其精英，怎样写作才可以清楚畅达，表其情意，都得让学生们心知其故。第二，必须使种种方法成为学生终身以之的习惯。因为阅读与写作都是习惯方面的事情，仅仅心知其故，而习惯没有养成，还是不济事的。

多读多写，只是表象，背后是方法的传授，习惯的养成。反观当下，有多少教师能将教法与学法合二为一，能去琢磨学生怎样才能学会，能关注学生语文学习习惯的培养。其实不要说这些，很多老师连"多读多写"都没有做到。

1919 年元旦，叶先生与王伯祥先生合写的《对于小学作文教授之意见》发表在《新潮》杂志上，其中有如下一段：

总之，作文命题及读物选择，须认定作之者读之者为学生，即以学生为本位也。教者有思想欲发挥，有情感欲抒写，未必即可命题，因学者未必有此思想有此情感也。教者心赏某文，玩索有素，未必即可选为教材，因学生读此文，其所摄受未必同于我也。必学生能作之文而后命题，必学生宜读之文而后选读，则得之矣。

读上述引文，反躬自省：编选各种读本时，我们是从儿童的角度出发吗？开发各种校本课程时，我们有没有深入地想过，这是学生需要的吗？说实话，现在如果有教师自己想写一篇文章，然后要求学生一起写，还真算是不错的了。每学期除了工作计划总结，别的一概不会写或者敷衍了事的小学语文教师大有人在。

所以，每次读《叶圣陶语文教育论集》，我都会情不自禁地想，百余年来，小学语文教学到底进步没有？小学生的语文能力提升没有？每次这样想，惭愧焦灼便油然而生。

第二个感受是叶圣陶先生的书能让人眼目清亮。几十年来，小学语文一直是一个十分活跃的学科。可能是因为大家都看到了，小学语文教学用时很多，效益不佳。于是，各种实验、改革层出不穷，甚至到了"乱花渐欲迷人眼"的地步，以至于有的老师常把"越来越不会教语文"挂在嘴边。想攻坚克难，想改变不好的现状，当然值得嘉许。只是，面对各种改革经验，我常会回到叶先生的书中，经常想，如果在改革前，认真读一下叶老的文章，应该能少走很多弯路，还有些实验甚至可以不做。比如：

阅读书籍的习惯不能凭空养成，欣赏文学的能力不能凭空培植，写作文章的技能不能凭空训练。国文教学所以要用课本或选文，就在将课文或选文作为凭借，然后种种工作得以着手。课文里收的，选文入选的，都是单篇短什，没有长篇巨著。这并不是说学生读一些单篇短什就够了。只因单篇短什分量不多，要做细琢细磨得研读工夫正宜从此入手；一篇读毕，又来一篇，涉及的方面既不嫌偏颇，阅读的兴趣也不致单调，所以取作精读的教材。学生从精读方面得到种种经验，应用这些经验，自己去读长篇巨著以及其他的单篇短什，不再需要教师的详细指导（不是说不需要指导），这就是略读。就教学而言，精读是主体，略读只是补充；但就效果而言，精读是准备，略读才是应用。

现在有的老师抱怨教材不好，于是用一个月或者更短的时间草草教完课本上的内容，然后组织学生大量读书。乍一听，觉得很不错。可仔细一想，问题很多。第一，课本再不好，不会一无是处吧。如果不作具体分析，一概草草了事，是否恰当？第二，课本体现着学生在某学段应该掌握的知识与能力，用很短的时间教完课文，那些知识与能力，能学扎实、练到位吗？第三，让学生大量阅读之前，应将阅读内容、要求等课程化，阅读效果应可检测，这样的工作有多少一线教师能做好呢？诸如此类的问题，要问的话，还能问出很多。其实，将教材扔在一边的教师，往往对课程、教材缺乏客观的认识，而且不善于教书。真正会教书的老师，能发现教材的问题，能二度开发利用，能用教材教，教会学生方法。依靠教材，上好精读课实在太重要了。叶先生对精读课和略读课的功能、关系论述得太好了。没有"准备"，如何"应用"？没有"细琢细磨"的精读课，一味让学生自己粗略读去，时间一长极易出现两极分化现象——天资聪颖的孩子或许自己能悟到读写方法；天资一般，家庭教育背景不佳的孩子没有教师的指导则什么也得不到，然后恶性循环，越来越差。特别是在班额较大，学生差异较大的情况下，这个问题必须充分重视。因为教师要关注的是全体学生的发展，而不是部分基础好的孩子。精读课没上好，有问题不想改，却另找他途，这不变成自己生病，别人吃药了吗？

再比如，当下，很多小学语文教师在班级里大力推广儿童文学阅读，这当然是好事。不过，有的老师走得急了些，将大量时间用于文学作品欣赏指导，而疏忽了语文教学。更有老师提出激进的观点——让文学教育代替语文教学。让我们听听叶圣陶先生是怎么说的——"国文的涵义与文学不同，它比文学宽广得多，所以教学国文并不等于教学文学"。他说，国文里除了文学，还有大量普通文。普通文包括"书信、宣言、报告书、说明书等等应用文，以及平正地写状一件东西载录一件事情的记叙文，条畅地阐明一个原理发挥一个意见的论说文"。他认为，中学生首先要学习写好普通文。我想，小学生更应该如此。因为"普通文易于剖析、理解，也易于仿效，从此立定基本，才可以进一步弄文学"。我猜叶先生的观点在当时大概是会招来不少反对意见的，所以他进一步阐述：

我也知道有所谓"取法乎上，仅得其中"的说法，而且知道古今专习文学而有很深的造诣的不乏其人。可是我料想古今专习文学而碰壁的，就是说一辈子读不通写不好的，一定更多。少数人有了很深的造诣，多数人只落得一辈子读不通写不好，这不是现代教育所许可的。

这样朴实的文字，读进去，真是振聋发聩。

叶先生的书能让人逐渐变得通透。叶先生做过教师，编过教材，创作过文学作品，对于语文教学中的很多细小现象，总能一语道破问题的关键。举一个小例：我在外上作文示范课，作作文教学讲座时，常常有教师问及作文批改的问题。因为有些学校对于作文批改有着近乎苛刻的要求：要有眉批，有总评，有圈画，有修改，甚至对评改还有字数规定。叶先生也多次谈过作文的批改，他说：

老师改作文是够辛苦的。几十本，一本一本改，可是劳而少功。是不是可以改变方法呢？我看值得研究。要求本本精批细改，事实上是做不到的。与其事后辛劳，不如事前多做准备。平时不放松口头表达的训练，多注意指导阅读，钻到学生心里出题目，出了题目作一些必要的启发，诸如此类，都是事先准备。做了这些准备，改作文大概不会太费事了，而学生得到的实益可能多些。

老先生讲得多明白——工作要做在前，平时教得好，将学生表达的欲望激发出来，作文批改就不是苦役，而是享受——因为那时教师是站在读者的角度分享学生的见闻感受。很多同行常纠结于教育教学现象的细枝末节，其实，换一个角度，参透教育教学的本质，很多困难就能找到破解之法。如果配套的管理制度能更专业就更好了。

《叶圣陶语文教育论集》初版于 1980 年，到 1991 年才第二次印刷。去年 2 月终于出了新版。人民教育出版社出过一套五卷本的《叶圣陶教育文集》，内容更丰富，且不难买。若将两种书放在一起读，收获会更多。叶圣陶先生那代人，对古代的东西、现代的理念都熟悉，大半生在言说相对自由的时代度过，虽然他们都已故去，但很多思想却依然走在当代人的前面。感慨系之之余，面对当下社会上数不胜数愈发严重的"读不通写不好"现象，他们的书总要经常读才好，小学语文教师总要想清楚"语"和"文"到底是什么，到底该怎么教，然后不懈努力才好。

2016 年 1 月 11 日

小学语文单元整合教学的原则与操作

缘　起

沪教版小学语文教材一个学期有 40 篇课文，中高年级一周有六节语文课。这六节课除了要教完课文，还要教习作、古诗，开展课外阅读，进行单元练习等。如果一篇课文用两节课教完，这点课时远远不够。即便赶着进度教完，教学效果也不好。因为那只是匆匆讲完课文，学生了解的只是一个一个故事。时间一久，连故事都会忘记。

2011 年版《语文课程标准》上说："语文课程是一门学习语言文字运用的综合性、实践性课程。"这句话是语文课程的定义，它告诉我们，在语文课上，教师应该借助课文，教会学生运用语言规范地表达自己的见闻和感受。语文课程的核心是提高学生语言素养，落实的途径是教表达形式。要让学生获得言语能力，离不开教师的教和学生的练。按照小学生的学习规律，在一段时间内，教与练的内容应该相对固定。如果今天教东，明天练西，三天两头地变化，学生的学习效果不会好。如何解决我面临的困难？我就想到了单元整合教学。

整合就是把一些零散的东西通过某种方式实现彼此衔接，从而实现信息系统的资源共享和协同工作。其主要的精髓在于将零散的要素组合在一起，并最终形成有价值有效率的一个整体。

如果将一个单元内的语文知识与能力点提炼出来，整合一个单元数篇课文或补充课外选文，围绕单元目标循序渐进地组织教学与练习，那么教学效果一定会优于一篇一篇零散地教。

单元整合教学（亦有同行将其称为单元整体或者单元整组等）并不是新事

物，国内很多同行都作过尝试，并取得一定成果。学习了同行的经验，结合自己对语文教学的认识，我尝试着对自己的小学语文单元整合教学的概念作了如下界定：

依照语文课程标准，建立语文学科教学目标系统，以单元为结构形式，整合教材、课外选文等教学资源，利用精读、略读、练习、综合、作文等课型，有效达成单元目标，且可测评教学效果的教学形式。

五种课型的基本作用如下：

精读课：讲授单元核心知识点，训练单元核心能力点。

略读课：巩固单元核心知识点和单元核心能力点。

练习课：操练单元核心知识点和单元核心能力点。

作文课：运用单元中的核心表达形式训练口头及书面表达能力。

综合课：开展与单元目标相结合的语文实践活动。

原　则

1. 领会课标，遵循学生学习规律

课程标准是开展小学语文单元整合教学的纲领性文件。开展小学语文单元整合教学，调整课文的教学次序，补充调换部分课文或选文，目的是为了更有效地达成课程目标，而不是另搞一套。（事实上，绝大部分一线教师没有能力自创课程。）因此，学习、领会课程标准的精神应贯穿在整个教学过程中。通过学习课标，了解各年段的教学要求，然后遵循学生的语文学习规律，才能确定恰当的单元教学目标和内容。

比如在四年级，要训练学生的概括能力和提取信息的能力。当教师对学生学习规律有了深入思考后，就会明白，靠一天两天的教学，学生不可能获得这样的能力。利用单元整合教学的形式，经过一段时间的教学，有些孩子掌握了，但有些孩子可能依然没有掌握。此时，教师就要再依据那些没学会的孩子的情况，设计有针对性的教学活动，帮助他们学会。

2. 基于教材，梳理语文知识能力

有的同行在语文教学改革实验中提出用一个月教完教材，剩下三个月自主读课外书。他们认为教材有不足，而且只读教材无法达到应有的阅读量，多读课外书则有助于解决这些问题，促进学生学好语文。这种观点是有问题的。

在我看来，一个月教完的不是教材，而是课文内容大意。如果只是教课文内容大意，那么一个月都用不着，两三个星期就行。但这样教，学生除了了解课文内容还能学到什么呢？一个月的时间是无法落实课程目标的。用三个月时间读课外书，能力强的学生或许会有收获，能力弱的孩子什么也得不到。对于这样的孩子，就是要好好教才行。上语文课，实际上是借着一篇一篇的课文，教给学生语文基础知识，训练语文基本能力。学生一旦具备了基本的能力，就能在课外自主阅读、自主学习。教材是课程的载体，所以，教材不能随意丢弃，而是应该仔细研读，从中梳理出知识与能力点，以便使教学的指向更加明确。即便教材有不足，也可以通过教材的创造性使用，使其发挥独特的作用。"教是为了不教"，这句话的关键是"教"。教到位了，才能放手让学生自己学。这句话也告诉我们，课内与课外是有区别的。课外的事不能放到课内来解决。课内时间有限，承载不了太多的目标。

3. 突出重点，系统把握年段要求

小学阶段学习的语文知识并不多，而且常常以螺旋上升的形式出现。比如复述，在三年级，叫详细复述；在四年级，叫简单复述；在五六年级，叫创造性复述。不同的名称有着不一样的内涵。教学材料、教学内容、教学要求都不一样。开展小学语文单元整合教学时，就要系统地把握好一个知识点在不同年段中的要求，突出重点，不拔高，不滞后，适切地教。一般来说，低年级的教学应以字词句为主，在模仿中学习基本与规范的短语和句式；中年级应以段的教学为抓手，体会句子之间的关系，学习基本的段落形式，初步建立篇的概念；高年级则要从整体入手，探寻作者的行文思路，感悟作者选材组材和遣词造句的匠心。

4. 依据目标，多样组合单元内容

梳理出单元目标之后，要思考教材中该单元的课文能否支撑单元目标顺利达成。如果能，就要思考按照怎样的顺序教学是最有效的。如果不能，就要考虑用什么样的课外选文来替换。单元教学内容的组合应是多样的。组合时只有一个要求——有利于单元目标的达成。

5. 精心拓展，辅助教材高于教材

开展小学语文单元整合教学时，拓展教学内容，增加课外选文是很常见的。

课外文章的入选标准是，文章内容与表达形式都应该与该单元中其他文章有所关联，或延伸，或提高，或并列，或互文。拓展的选文最好能提供课文中没有的教学资源。这需要教师有较宽的阅读面和良好的教学设计意识。

操 作

开展小学语文单元整合教学一般的步骤如下：

第一，梳理教材内容，细化年段目标。课程标准上各年段教学目标比较粗，操作性还不强，因此要根据教材情况，从识记、听说、阅读、习作等方面来细化。比如沪教版小学语文教材三年级第一学期在听说部分，我提取了以下要求：（1）能结合课文内容，进行适当的说话练习。（2）能搜集资料，发布信息，并学习把话说完整。（3）能独立作2分钟左右的发言，做到有一定中心和内容，语句基本通顺。（4）能在课堂活动中发言，做到态度自然大方，口齿清楚。将这些要求分散到该学期各单元中，教学的目标就清晰了。有了年段目标之后，结合教材教参，就能整理出单元目标。

第二，整合教学资源，确定教学次序。各单元的教学目标确定之后，就要研读课文，确定哪篇精读，哪篇略读，并确定教学次序。这是单元整合教学中的重点。要具备研读课文的能力，没有捷径可走。教师得多读书，养成阅读习惯，读得多，才能将课文读透。

第三，设计教学流程，设计作业方案。确定了教学次序后，要从单元目标的角度系统设计教学环节。这与传统的一篇一篇地备课有很大区别。不仅如此，对于作业设计也要从单元目标角度来设计，以便更有效地提高教学质量。

第四，规划单元测试，反思单元系统。小学语文单元整合教学是一种可以评测学习效果的教学方式。我认为，只有当教学、作业、评测三位一体时，教学评价结果才能客观科学，学生的学习负担才能真正减轻。所以还需要从单元目标角度设计测试题。教师通过研究测试结果，及时反思整个单元的教学情况，并加以改进完善。

实　例

　　小学语文单元教学实验虽因沪教版教材而产生，但其理念与做法通过实践已证明适用于各种版本的教材。下面以人教版六年级第一学期第一单元为例，对如何围绕单元目标解读教材、确定课型、设计教学环节等一线教师最关注的问题作详细说明：

　　该单元中共有四篇课文，依次是《山中访友》《山雨》《草虫的村落》《索溪峪的"野"》。《山中访友》写作者到山中游玩，将山中景物皆视为友人。《山雨》是按照时间变化顺序描写雨景及感受。《草虫的村落》中作者将自己视作昆虫，来描写昆虫世界。《索溪峪的"野"》则抓住"野"这一特点描写山间景物和人。

　　该单元的导语中已将单元目标列出：学习本组课文，要注意体会作者是怎样细心观察大自然的，有哪些独特的感受；还要体会作者是怎样展开联想和想象，表达这些独特感受的。在这个目标中，"体会作者是怎样展开联想和想象，表达这些独特感受的"是重点，也是难点。

　　教学《山中访友》，首先是读题。什么是"访友"？即拜访朋友。在课文中，这个"友"，并不是指真正的人，而是指很多山中景物，那就是古桥、树林、山泉、溪流、落叶，甚至还有雷阵雨。这些信息要让学生来罗列，然后老师及时写在黑板上。这样就可以发现，作者在山间居然有那么多的友人，因此"访友"是很有意思的一件事。

　　作者写的第一个朋友是古桥。课文中写道："啊，老桥，你如一位德高望重的老人，在这涧水上站了几百年了吧？你把多少人马渡过对岸，滚滚河水流向远方，你弓着腰，俯身凝望着那水中的人影、鱼影、月影。岁月悠悠，波光明灭，泡沫聚散，唯有你依然如旧。"将桥当作一位老人，作者的情感一下子体现出来了。而且作者还运用想象，把情感放大，让读者感受得更加深切。因此讲到这里就可以启发学生思考，运用联想和想象，目的是什么呢？目的就是抒发自己对景物的独特的感受。同时也将景物的特点表达得更清楚。这些内容一定要给学生交代清楚，这是他们初次感知这个知识点。还可以引导其深入思考，如果只是描写古桥的外形，你能感受到它有特别的味道吗？有特殊的含义吗？很难感觉到。当作者告诉你，他是一位老人，他是一位几百岁的老人，读者就会情不自禁地联想了：那么长的岁月中，古桥经历了多少事，遇到过多少人？

这就可以与后面的"岁月悠悠，波光明灭，泡沫聚散，唯有你依然如旧"连接起来了。那么多人物、事物，生生死死，永远消失了，可是古桥竟然还在，阅尽世间沧桑。通过这样的联想和想象，作者把古桥的特点写出来了，把自己的想法写清楚了。那么，在文章当中，还有没有类似的用联想和想象来表达自己的特有感受并且写出景物的特点的句子呢？再引导学生自己阅读、寻找。比如在下面一节中，作者把树林当作朋友。这里也有想象，想象自己成为一棵树。写这些树林是怎样一点一点成长的，其实就是在写"我"是怎么成长的。树就是我，我与物融为一体。文章写到这里，好像已经到了极点，接下来还怎么写？作者很巧妙地使用一句反问句："这山中的一切，哪个不是我的朋友？"引出下面的文字。这句反问句表达出作者情绪的高点。

在之后的一节中，作者列举出很多朋友，在表达上大都用了"你好，什么怎样"的句式。因此，指导学生多多朗读，让他们自己发现句子的特点，然后可以把原句改成用第三人称写的句子。让学生比较之后，讨论用第二人称有什么好处。用第二人称，能突出是在对友人说话，验证了题意。这一节中连续用了多次"你好"引出友人，但最后却不说"你好，淘气的云雀"，而写成"喂，淘气的云雀"。这是为什么？如果仔细读之前的句子，我们可以发现，作者将山泉、悬崖、瀑布、白云都想象成了不同的成年人。那么"淘气的云雀"是指谁？是指小朋友！一般我们都用"淘气"这个词来形容孩子。各种各样的成年人，再来一个小孩子，文章内容丰富了，结构也更加活泼。在山林之中，作者不仅和老人成为忘年交，还和调皮的云雀——小朋友成为忘年交。

当引导学生理解了这些之后，他们就会明白，写景时运用想象和联想，能将作者的情感和景物的特点表达得更准确。山泉，静静地，所以就像一面镜子；溪流会发出声音，所以就想到是在唱和；瀑布从高处落下，声音巨大，所以说是一个男高音。这就是合理想象。知识点又一次形象地呈现了。

在下一个小节，作者又用到了相同结构的词句，请学生找出来。有了之前的经验，学生能很快找到——"捡起一朵""拾起一片""捧起一块""嗅到了""看到了""加入了""听见""听见"。启发学生根据这些关键词，从不同角度感受景物特点和作者情感。如果都从相同角度来写，文章就会呆板。于是又一次领会丰富合理的联想和想象的妙处。

《山中访友》是精读课文，通过上述教学，学生对单元目标会留下较深的印象。因为教学没有停留在机械地讲述概念的层面，而是在具体语境中引导孩子去理解想象与联想的好处，为将概念转化成能力打好基础。单有一篇精读，还不够。该册教材中第一篇选读课文是老舍先生的《林海》，非常适合放在这个单元里教学。所以，上完《山中访友》，要接着上《林海》，也是精读。《林海》中出现了三次"亲切与舒服"，描写景物时出现了多次"小"：小红豆、小野果、小花、小蝴蝶等。让孩子们体会这些结构相同的词语的作用，感受文中的想象与联想正好是进行复习。

接着就教《索溪峪的"野"》，略读课。因为有了之前的学习经验，加之这一课结构清晰，教师可以提出几个关键问题，让学生多读多议。比如，先问学生课题中的关键字是什么，学生回答，是"野"字。然后请学生细读第二小节，讨论除了"野"还写了什么。接着将学生找到的各种山林之美罗列在黑板上，并找出连续使用的"这种美"一词，指导学生朗读体会联想与想象的作用。最后对学生说："这种美"看似有很多种类，实际是同一种美，到底是什么美呢？经过讨论，学生就会发现，这种美就是天然之美。在小节开头就已经点明了。这就是"先概括后具体"的写法。如果一上来就说要学习"先概括后具体"，当然也行，但学习的趣味就少了很多。

另几节因为写法一样，就可以让学生读读议议。只要提一个问题给学生：前几篇文章都是抓住景物不同方面的特点来写，这篇则是抓住了相同的特点来写。既然是相同的特点，那先写什么后写什么有区别吗？作者为什么先写山，再写水，然后写山上的野物，最后才写人呢？经过讨论，可以得出这样的结果：介绍索溪峪，"峪"是山谷，当然要先写山。有了山，山间流出清泉，形成小溪。于是便可写水。有了水，万物就能生长，就会有动植物。有了动植物，人们才会去玩，去欣赏山间的美景，所以最后写到了人。由此可见，世界万物相生相克，人是万物之中很渺小的存在。人放在最后写，或许作者是想表明自己对大自然的敬畏之心、喜爱之情吧。可见好文章的写作顺序也是大有讲究的。

然后教《草虫的村落》。先请学生默读课文，然后讨论：作者在草虫的村落中看到了什么？看到昆虫们在路上打招呼，看到虫子跑出来迎接远归者，看到这个村落里有大街小巷，看到蜥蜴要走访亲戚，看到村里的音乐会，看到村里的劳动生活。教师把这些信息一一归纳在黑板上。这些在我们日常生活当中，能找到一一对应的情景吗？显然是可以的。再把这些信息归纳在黑板上，于是黑板上便出现一个对比表格。如此，再引导学生观察表格，思考有什么发现。学生很容易就明白了，作者是把虫子的世界当作人类社会来写，难怪显得如此亲切。

全文完全是用想象与联想的方法来写，因为扣住昆虫的特点描述，所以让读者读了有身临其境之感。小学生有时也介绍昆虫，通常是从昆虫的外形、生活习性或者自己与昆虫之间的一件小事来谈。学习了这篇课文，他们就了解了一种别致的习作方法。

课文末尾处有一句话："我还看见了许多许多……"作者到底看到了什么，他没有写，因为之前已经写了很多。教师在这里可以引导学生想象草虫的村落里还会有些什么。不能随意乱想，应该结合人类社会中的情形去想。想出一个情形，再找出一种昆虫与之对应。每个人模仿课文写一小段。所以《草虫的村落》是作为这个单元中的习作例文来用的。如果学情允许，教师可以引导学生模仿课文写完整的作文，除了把自己当作昆虫，还可以当成别的飞禽走兽等。现在的孩子见多识广，这样的习作练习能让他们调出平时的知识储备。习作时只要抓住特点合理想象就好。单元知识点的运用就完成了。

有些老师常问我，用单元整合的方式教学，会不会过于强调了工具性，忽视了人文性。这种担心是多余的。工具性讲解透彻，人文性就自然产生了。比如在这个单元中，精读课、略读课、习作课都围绕"体会作者是怎样展开联想和想象，表达这些独特感受的"这个目标教学，学生在老师的引导下充分品味语言的同时，会自然而然地感受到人与自然应该和谐相处的主题。

最后一篇《山雨》，完全让学生自己学，略读课。学完之后，将学生的收获、观点一一罗列在黑板上。引导学生从内容和表达形式两个角度提取信息。然后通过信息归类，逐步将知识点整理出来。比如，山雨的特点，不同的特点是用怎样的角度来呈现的，文章的写作顺序，文中的联想与想象及其作用，作者抒发了什么情感等。还可以用学会的方法品味重点词句的运用。

如果精读课、作文课上两课时，略读课上一课时，根据上述分析，教完该单元只要八课时。在小学里，中高年级通常每周有六节语文课。教完一个单元需要两周，即十二课时。现在非但课时节约出来了，还多学了一篇课文。多出来的时间可以指导学生开展课外阅读、语文综合活动。由于每节课都紧紧围绕单元目标来教学，让学生经历了完整而扎实的新授、复习、练习、巩固、运用的过程，所以学习效率也就提高了。这册书中的第八单元的目标是"学习作者展开联想和想象进行表达的方法"，所以学完第一单元，就可以直接学习第八单元，学习效果会更好。

2017 年 3 月 11 日

小学语文教材分析与单元设计策略

小　引

某次，我参加一个教学展示活动，上的是沪教版五年级阅读课《半截蜡烛》。因为苏教版中也有这一课，放在六年级中，于是我就对两者作了一番比较。课文内容基本一致，但课后习题却相差甚远。

沪教版的习题如下：

1. 有感情地朗读课文。母子三人为了保护绝密情报各想出了什么办法？你觉得可以用哪些词语来称赞他们？

2. 在熟悉课文的基础上概括文章的主要内容。可以先逐个概括出母子三人各自想出的办法，再连起来说一说。

3. 读下面的句子，注意带点的词语，这些词语能不能去掉？

（1）"瞧，先生们，这盏灯亮些。"说着，轻轻地把蜡烛吹熄。

（2）在斗争的最后时刻，他从容地搬回一捆木柴，生了火，默默地坐着。

（3）杰奎琳镇定地把烛台端起来，向几位军官道过晚安，上楼去了。

苏教版的习题如下：

1. 用钢笔描红。（八个生字略）

2. 读一读下面的句子，想一想带点的词语能不能去掉？为什么？

（1）"瞧，先生们，这盏灯亮些。"说着，轻轻把蜡烛吹熄。一场危机似乎过去了。

（2）伯诺德夫人的心提到了嗓子眼上，她似乎感到德军那几双饿狼般的眼睛正盯在越来越短的蜡烛上。

3.画出描写伯诺德夫人一家人动作、神态、语言和心理活动的有关词句，想象在危急关头他们是怎样与德军周旋的，再和小组同学合作，将故事演一演。

沪教版在单元导语中针对语文学习，还提出如下要求：

仔细阅读课文，学习品味语句，在字里行间体会那深深的爱国情怀。

从一线教师的角度而言，沪教版的课后习题可以直接转化成教学环节，更易操作。其难易度也更加符合年段特征。由上述比较，我们可以明白，解读好的课后习题，可以帮助我们确定教学目标和教学环节。当然，解读课后习题只是解读教材的一个方面。下面就先来谈谈解读教材的问题。

一、教材解读前的准备

要解读好教材，确定教学目标，必须先研读课程标准。2011年版《语文课程标准》上为语文课程下了如下定义："语文课程是一门学习语言文字运用的综合性、实践性课程。"这个定义简明扼要，但值得语文教师反复琢磨。"学习语言文字运用"，是指在语文课堂上，教师应该引导学生关注课文作者的语言表达形式，了解语言表达形式对作者表情达意的作用。在学生通过阅读积累了大量的语言表达方法后，将其迁移到自己的言语表达中，从而更好地表达自己的意思和情感。"实践性"是指在学习语言的过程中，教师应该将课堂还给学生，让学生成为课堂真正的主人。让学生在课堂中获得充分的口头、书面语言的练习。在练习中，提升语言能力。

语文课程的核心任务是提高学生语言素养，落实途径是教表达形式。

教表达形式，不是说学了一个以先概括后具体为形式的段落，就立刻要写出一个"先概括后具体"的段落。这样的读写结合是机械的。学生无法真正理解这种段落形式的优点，仿写出来的段落也只是徒有其表。

鲁迅先生的小说《在酒楼上》中有这样一个句子：几株老梅竟斗雪开着满树的繁花，仿佛毫不以深冬为意。

"几株"却要"斗雪"，"老梅"却能开出"满树的繁花"，而且还"不以深冬为意"。独特的构词造句方式，让语言充满了张力，富含着作者的情感。这样的语言表达形式就是要教给学生的。

　　课程标准中还列出多项语文课程需要完成的任务：培养正确的价值观；养成良好的语文学习习惯；发展思维能力；在实践中学习、使用语言；发展口头、书面表达能力；获得阅读能力培养语感；学会使用工具书及媒体。在这些任务中，发展思维能力是常被教师忽略的。通常，大家都认为数学是发展思维能力的学科。但实际上，由于一些孩子的数感不佳，数学未必能促进其思维能力的发展。而语言学习却能提升所有孩子的思维能力。如何做呢？让孩子从小养成通顺规范地说话的习惯。如果说不通，就慢慢教，示范，训练。让孩子养成规范说话的习惯，是提升思维能力最有效最简便的方法。

　　上述这些任务，为教师备课、教学提供了明确的指向和途径。只有真正理解这些任务，才能将语文课上得有效。

二、教材解读的策略

　　语文教材以单元的方式编写，每个单元都有一个主题。有的以课文内容或思想情感为主线，有的以语文知识能力为主线。不管是哪种形式，都应该以单元整体的视角去解读。不然就无法实施指向单元目标的教学。小学语文教材的解读策略通常有以下这些：

　　1. 明晰课程的年段要求

　　年段要求是确定教学目标的重要前提。明确了年段目标再去解读具体年级的单元目标，就能使教学事半功倍。

　　低年级的教学应以字词句为主，在模仿中学习基本与规范的短语和句式；中年级应以段的教学为抓手，体会句子之间的关系，学习基本的段落形式，初步建立篇的概念；高年级则要从整体入手，探寻作者的行文思路，感悟作者选材组材和遣词造句的匠心。

　　2. 了解单元学习目标

　　解读教材，首先要解读单元学习目标，然后才是解读具体的课文内容。以沪教版四年级第一学期语文教材为例，该册书中共八个单元，每个单元的主要学习要求如下：

第一单元，正确流利地朗读课文，并有一定的感情。

第二单元，继续正确流利有感情地朗读课文。通过朗读理解课文内容，提高阅读水平和表达能力。

第三单元，学习归纳课文主要内容。

第四单元，继续练习归纳课文的主要内容。不断总结方法。

第五单元，继续学习复述课文。

第六单元，继续练习复述课文。

第七单元，默读课文，分清课文主次。

第八单元，继续默读课文，学会抓住课文的重点，分清内容主次。

通过这样的信息提取，教材编者的意图一目了然。教师以课文为例子，围绕单元目标循序渐进地开展教学，学习效果一定是扎实有效的。

3. 理清课文与单元目标的关系

掌握了整册教材的单元要求序列，再研究一个单元的课文与单元目标的关系，就能分出不同的课型。以沪教版语文教材四年级第一学期第一单元为例，该单元的教学目标是正确流利地朗读课文，并有一定的感情。该单元有五篇课文：《老师领进门》是经典文本，讲述作家刘绍棠回忆自己的小学老师将自己领进文学之门的情况，可以将其定位为精读课文。《孔子和学生》文字浅显，将其作为略读课文，用来巩固单元学习目标。《父亲的叮嘱》以对话描写作为文本主体，是训练学生朗读对话的好材料，作为精读课文。《餐桌上的大学》也以对话描写为文本主体，正好可以当作前文训练的巩固之用，作为略读课文。《我的第二次生命》用来练习朗读，作为略读课文。

不同的课型任务、功能都不同。精读课旨在讲授单元知识能力点，略读课旨在巩固单元知识能力点，练习课旨在操练单元知识能力点。不同的课型形成合力，在不同的学习阶段，帮助学生达成单元学习目标。

4. 关注课后习题的设计

前文已经提到，设计得较好的课后练习能为教师明确教学目标、有效实施教学带来很大的便利。因此解读教材时对课后习题也应该作细致的解读。课后习题通常由字词理解、句子辨析、段落形式、篇章理解等内容构成。透过课后练习可以了解到本课重点的学习内容。如果对课后练习的解读有了经验，还能自己设计好的课后练习。

5. 兼顾课程与儿童的细读文本

打开一篇课文，教师需要从写了什么，怎么写的，为什么这样写，读者是谁，可以学到什么等五个角度来解读。解读得越是透彻，可供选择的教学资源就越多。当然，需要注意的是，并不是教师读出来的信息都可以教给学生。教师需要具备儿童意识。基于儿童学习语言的规律和自己学生的学情来选择合适的教学点。

解读课文时，教师还必须有课程意识。教师解读课文是一种职业化阅读，这与一般读者的阅读是很不相同的。所谓职业化阅读就是指教师要将解读出来的信息自觉地放在课程标准前一一比照，然后确定教学内容。

三、单元教学设计的策略

以单元为单位解读教材，确定了教学单元教学目标，就可以单元为单位设计教学环节了。仍然以沪教版语文教材四年级第一学期第一单元为例。我针对第一课《老师领进门》和第二课《孔子和学生》设计了以下教学环节：

第一课《老师领进门》，精读。

第一课时：

1. 读课题，引导学生提问：老师是谁？领谁？进了什么门？

2. 自学词语：娓娓动听，炊烟袅袅，戛然而止，身临其境，引人入胜，红蓼纸写字（戛、蓼、袅）

3. 读课后习题1中的两句话，讨论先前问题，以课题扩说句子。指导学生运用注释。（这个环节是说话练习，也是文章大意的概括，更是思维训练。）

4. 指导朗读"讲故事"。

（1）齐读。

（2）学生朗读自己喜欢的句子，点评。

（3）齐读。

（4）比较故事与古诗，你喜欢哪个，说明理由。

（5）小结：想象力的重要。

5. 指名读倒数第三节。齐读。

第二课时：

1. 朗读古诗和故事。请学生逐句说明田老师是怎么想象的。（这个环节主要是帮助学生体会如何合理想象。）

2. 读最后两个小节。同桌商量，作者与田老师见面时会说些什么？

引导学生利用课文中的句子连接起来说话。（这个环节是给理解文中重点句子作铺垫。）

3. 背诵最后两节。

4. 理解"无心插柳柳成荫"的意思。理解"十年树木，百年树人；插柳之恩，终身难忘"。

5. 完成课后造句。

6. 回答：田老师是怎样领着作者走进文学之门的？

第二节课《孔子和学生》，略读。以朗读训练为重点。

1. 简介孔子。

2. 与两个学生合作读第二小节。请学生评价。

3. 齐读第二节。分角色读。

4. 引导学生关注提示语的作用。指名读第三节，互评，齐读，分角色读。

5. 提取课文中的信息，完成表格（孔子学生们的优点与不足）。

讨论：看了表格有什么想法？

再讨论：用上黑板上的提示（有教无类、因材施教，以及表格等），说说孔子给你留下的印象。（这个问题是化用了课后习题）

上述两篇课文的教学设计，比较清晰地呈现了单元教学设计策略的特点。可以从以下三个方面阐述：

第一，为学生提供系统的语言学习经历。以单元为单位实施教学，最大的好处就是集中用力——一个单元五篇课文，全都服务于相同的单元教学目标。上述案例中，《老师领进门》是精读课，用两课时完成。在教师的指导下，学生获得充分的练习朗读的时间。而《孔子和学生》是略读课，教师放手让学生自主朗读，互相评点，巩固朗读技能。这只是一个单元中的两篇课文。试想，围绕共同的单元教学目标，两三个单元系统地教下来，学生对相关知识与能力的掌握一定是牢固的。

第二，处理好教与学的平衡关系。课堂上，教要有过程，学要有经历。确定了一个教学目标，教师就要设计出与之匹配的一系列教学环节来实现教学目标。比如第一课中的指导朗读"讲故事"环节。课文中写田老师很善于讲故事，教一首小诗时就将其改编成一个小故事，说给学生们听。作者的想象力由此被激发出来，也就走进了文学之门。为了朗读好这个部分的内容，我设计了如下环节：

（1）齐读。

（2）学生朗读自己喜欢的句子，点评。

（3）齐读。

（4）比较故事与古诗，你喜欢哪个，说明理由。

（5）小结：想象力的重要。

学生通过朗读、互评将相关内容读好。然后再通过讨论，加深对该内容的理解。

语文教学中，教师应该致力于围绕教学目标，设计不同层次的学习活动。实现从教到扶再到放的过程。

第三，目标集中，内容丰富。以单元的形式实施教学，教学目标集中，但不等于课堂上只能教授单元目标。如果是那样，语文课就会沦为单项技能训练课。语文学习是讲究综合的。比如《孔子和学生》的教学中，朗读指导是重点，但在多形式的朗读练习之后，我依据课文内容设计了一个提取信息的练习。然后对信息进行比较分析，形成自己的独特感受，并表达出来。朗读为信息提取作了铺垫，信息提取为个人观点的形成提供了支撑。个人观点的表达又可以提升朗读的质量。可见，教学目标是集中的，相关小环节既为实现目标服务，又使得整个课堂教学变得立体丰富。

基于单元的解读教材和教学设计并不是新事物，但值得花大力气研究、实践。因为时代对于大众语文学习的要求在变，学生在变，教材在变，学习方式与途径也在变。

2017 年 10 月 24 日

浅谈小学整本书阅读指导的策略

2011 年版的《语文课程标准》中，对小学生课外阅读的字数规定为不少于 145 万字。要达成目标，就要指导学生读整本书。读整本书，不是新鲜事物。古人一直是用整本书当作教材教语文的。上世纪三四十年代，叶圣陶先生那代语文教育家们对此也有很好的实践与研究。叶圣陶先生在《略读指导举隅》前言中写道：

> 学生从精读方面得到种种经验，应用这些经验，自己去读长篇巨著以及其他的单篇短什，不再需要教师的详细指导（不是说不需要指导），这就是略读。就教学而言，精读是主体，略读只是补充；但就效果而言，精读是准备，略读才是应用。

这里的"略读"指的就是读整本书。前言中还从版本指导、序目指导、参考书籍指导、阅读方法指导、问题指导等方面阐述了读整本书的方法。不过，可能当时的教师对略读如何开展也是摸不着头脑，整本书的阅读指导情况并不理想。叶先生在《论中学国文课程的改订》中写道：

> 现在的精读教材全是单篇短章，各体各派，应有尽有。从好的方面说，可以使学生对于各种文体都窥见一斑，都尝到一点味道。但是从坏的方面说，将会使学生眼花缭乱，心志不专，仿佛走进热闹的都市，看见许多东西，可是一样也没有看清楚。现在的国文教学，成绩不能算好，一部分的原因，大概就在选读单篇短章，没有收到好的方面的效果，却受到了坏的方面的影响。

叶先生对当时单篇文章教学的优劣看得很清楚。尽管当时的课程标准中对整本书阅读的指导有具体要求，但教师在日常教学中只关注单篇短章的精读，而忽视整本书的教学。叶先生认为这将不利于读书习惯的培养，而习惯的养成是他尤为重视的，他说：

试问，要养成读书习惯而不教他们读整本的书，那习惯怎么养得成？我们固然可以说，单篇短章和整本的书原不是性质各异的两种东西；单篇短章分量少，便于精密的剖析，能够了解单篇短章，也就能够了解整本的书，但是，平时教学单篇短章，每周至多两篇，以字数计，至多不过四五千字；象这样迟缓的进度，哪里是读书习惯所许可的？并且，读惯了单篇短章，老是局促在小规模的范围之中，魄力就不大了；等遇到规模较大的东西，就说是两百页的一本小书吧，将会感到不容易对付。这又哪里说得上养成读书习惯？

为此，叶先生提出假设：

以上的话如果不错，那么，国文教材似乎该用整本的书，而不该用单篇短章，象以往和现在的办法。退一步说，也该把整本的书作主体，把单篇短章作辅佐。

几十年过去了，语文教材依然是以单篇文选的形式呈现，整本书教学并没有真正进入语文课程。在很长一段时间里，阅读整本书被称为课外阅读。因为有了"课外"两字，所以课外阅读活动具体如何指导，很少有教师去研究。

近年来，随着教师、家长对学生阅读的重视程度越来越大，社会各界对基础教育的要求越来越高，很多教师以及社会群体或者个人积极开展各种儿童阅读推广活动，并累积出一些观点、经验。只是这些观点、经验的价值尚需进一步梳理、讨论。对于一线教师而言，在语文教学中如何落实整本书阅读的指导，教学目标如何界定，指导方法如何选择，评价方式如何设立等问题，也有待深入地实践、研究。叶圣陶先生留下的关于整本书阅读的论述基本是针对中学生的。虽然阅读指导的道理是相通的，但小学生阅读毕竟有其特别的规律，不能照搬。

基于上述思考，并结合教学实践，试对小学整本书阅读指导的策略论述如下：

一、立足儿童，培养阅读习惯

传统的小学课外阅读指导，通常是让学生在教室中或者图书馆里自由阅读，教师只是在面上稍加点拨或者与学生个别交流。指导的目的、要求不说阙如，也是随意的。而将整本书阅读纳入到语文课程中后，自然不能这样做了。

基于小学生的身心发展规律和学习要求，指导小学生读整本书，教师应将小学生阅读习惯的培养当作重中之重，并贯穿于整本书阅读指导之始终。没有良好习惯的培养，其他都将沦为空谈。培养阅读习惯除了采用保证图书供给、营造良好的阅读空间、设置固定的阅读时间、有效检查阅读成果等常见的一些做法，以下三点也需重视：

1. 教师要为儿童提供经典读物

教师要选择优秀的经典儿童文学作品，给儿童阅读。世上可读之书太多，而学校教育和课堂教学都是有边界的，无法包罗一切。怎么办？阅读经典作品是一条好路子。经典文学作品内涵丰富，语言饱满富有张力，有强大的普适性，能引发不同读者对人、对世界、对真善美的真切思考和体验，可为儿童毕生的发展打下精神底子。从阅读效益上说，也是事半功倍的。

在选择书籍时，要充分考虑到小学生的年段学习特征。低年级可以让孩子们阅读图画、桥梁书。中年级可以阅读浅近的各类儿童文学作品、自然科学读物。高年级学生则可以在中年级的基础上进行提升。教师还应尽可能地为学生拓宽阅读视野，努力让不同的孩子读到自己喜欢的书籍。

2. 教师要为孩子提供自己选择图书的机会

儿童自主挑选喜欢的书籍，阅读的心境就是愉悦的。这是养成阅读习惯的前提。一些教师或者家长不敢放手让孩子自己挑选读物，总是一厢情愿地为孩子推荐自以为合适的书籍。不少成人往往会忽视自己与儿童在阅读方面的诸多区别。他们从自身的角度出发，功利化地看待小学生的阅读，总希望孩子读过了，就一定要学到点什么，生怕孩子读到"无用"之书。其实，小学教育是养成教育。引导儿童读整本书，从书中获得多少知识是其次的。重要的是，通过阅读过程，养成阅读习惯，使孩子成为终身阅读者。

另外，在儿童挑选书籍时，教师应该在旁多多观察，了解班级中不同孩子的阅读喜好，便于今后给予个性化的指导。

3. 对于部分孩子而言，要养成阅读习惯还需要外力施加影响

或是因为家庭教育的不足，或是因为信息技术越来越多地进入到日常生活中，现在的一些孩子失去了天然阅读者的属性。有些孩子在入学时就不喜欢阅读，一本书在手，随便翻翻就放在一边了。这与过去只要给一本书，给予时间就能全神贯注地投入阅读的孩子是大不相同了。对于这样的孩子，教师需要采用一些组织管理方法，用小学生喜闻乐见的方式，比如小竞赛、有奖阅读、使用阅读存折、展示自己的阅读成果等引导孩子对阅读产生兴趣。然后慢慢再培养成习惯。对于平时阅读不够自觉的孩子，上述措施可能也不一定有长效，那就需要教师在班级中营造良好的阅读氛围，树立阅读榜样，施加影响，重点帮扶，及时纠偏。

二、读懂作品，选定有效话题

现在小学生整本书阅读指导的流程已基本定型，且为大家所接受，即：导读激趣，学生自读（完成阅读单），交流感受，拓展练习。后两者通常是利用班级读书会完成。在班级读书会上，交流讨论的话题很重要。话题该如何确定呢？

我想，教师先得读书，不但要读，还要读懂。读懂作品的主要内容、主题思想、表达特点、结构安排等。同时，还要预设学生在阅读过程中会遇到怎样的困难，如何解决。预设学生阅读书籍时，会与他们的日常生活产生怎样的关联，会收获什么，用什么样的形式分享，等等。教师还应该深入研究作品的创作背景，收集与书籍相关的材料，并选出适合学生的资源用于教学之中。这对教师是很高的要求，而且没有捷径可走，只能靠多读多思多借鉴才行。

我曾经指导四年级学生用五天时间共读《小学生丰子恺读本》。共读时每天完成一张阅读单，既是记录阅读成果，又是阅读情况的自我检测。该书共有六编，第五编主要介绍丰子恺先生的漫画，就没有设计相关的阅读单而让学生自由阅读。由于作者当时的创作语汇与现在有所不同，我就通过阅读单的设计引导学生重点阅读适合他们阅读的篇目。有些文章中描述的事物是孩子们完全陌生的，有些文章中出现了江浙方言，是非沪籍的孩子无法理解的，这些都在阅读指导或班级读书会中解答释疑。

基于小学生的学习规律和文选型读物的特点，每张阅读单上都安排了"摘抄第二编中不理解的词语。在第二编中，哪些句子让你觉得很好玩？抄在下面"之类的积累性题目。通过自学字词，积累词句，自主读懂文意。阅读单上会要求学生推荐印象深的文章给同学，并说明理由，以此检测学生阅读的质量。丰子恺先生在多个领域都有卓越的成就，所以阅读单上还要求学生读完一个章节就把自己对丰子恺先生的印象记录下来。当各个章节都读完了，一个立体多元的作者形象就出现了。

前面提到，小学生整本书阅读指导，重在激发阅读兴趣，养成阅读习惯。如果能在书籍与孩子之间找到一个或者数个关联点，让孩子们感受到阅读书籍的同时，能常常想起自己，让他们发现书中描写的景象是生活中可以见到的，书中人物的思想情感与自己有相通之处，那么阅读兴趣自然就产生了。

《小学生丰子恺读本》第二编中有篇文章讲一种叫作"拍七"的游戏，我就在阅读单上设计了一个活动：和同学玩一下"拍七"的游戏，然后记下来。也可以写自己玩过的其他游戏。第三编中的《爆炒米花》颇像语文教材中的《扬州茶馆》，于是我就设计了一道题：你觉得《爆炒米花》和本学期哪篇课文有点像，像在何处？

这类话题与小学生日常生活相关，所以很受他们欢迎。

指导小学生读整本书，营造良好的阅读空间，给予足够的时间，让孩子们默读、朗读、讨论、分享，都不难做到。最难的是，在书中找到适合学生的可以讨论的话题。除了前面提到的教师读懂作品，话题还可以怎么找？

1. 了解儿童的阅读感受

教师在儿童阅读一本书的过程中应经常了解他们的阅读感受。教师要做一个有心人，因为这样的了解主要靠个别交流才能完成。同一本书，成人阅读和儿童阅读的关注点不会相同，获得的启发也不会相同。比如，我读德国作家埃里希·凯斯特纳的《5月35日》时发现作者在上世纪的作品中就想象出可以随身携带的电话，于是设计阅读单时，我出了一个话题：读了"自动城"一章，你有什么感受？写一写。原以为会有学生写到可以放在口袋里的电话与现在的手机很像。没想到，几乎没有孩子写到这个。一些孩子写的是那一章中把牛自动加工成罐头的装置很可怕。还有一些孩子反思了自动化装置的副作用。所以，如果教师在指导整本书阅读时，总是情不自禁地从自身感受出发，并且在指导过程中没有为儿童提供足够的讨论空间，那么阅读指导在儿童眼中是无法理解的，不感兴趣的。

此外，教师需要在了解了儿童的阅读感受后思考，儿童的感受与自己的有哪些不同，为什么会不同，哪些儿童感受是需要引导的，哪些是不需要引导的等。如此，才能将阅读指导活动设计好。

2. 发现作品与儿童感受之间的距离

有的时候，儿童的阅读感受与作者想要传递的信息也不相同。比如一个孩子读了王尔德的《快乐王子》后，对快乐王子总在燕子要出发时留住它，不能理解，并因为燕子的死去而讨厌快乐王子。很显然，这样的阅读感受与作者想要表达的主题相差很远。而这样的差距恰恰就是阅读指导的出发点，需要教师引导。引导了，学生就能逐渐学会阅读。反之，就只能使学生在低水平的阅读中停滞不前。

很多时候，话题的确定、儿童阅读感受的采集、阅读单的设计，是交织在一起完成的。没有严格的先后顺序之说。

三、训练思维，强调个性体验

目前研究、实践小学生整本书阅读的老师绝大多数是语文老师。在备课、教学过程中，难免受到单篇课文的教法的影响。单篇课文的教学与整本书教学都能发展学生语言素养，使其获得正确运用语言文字的能力，但目前在具体操作上两者还是有区别的。为此我粗粗作了一番梳理：

	单篇课文教学	整本书教学
教学目标	基于课程标准、教材年段目标、单元目标以及课文特点而定。	基于书籍本身的特点以及学情而定。
教学过程	以师生共同参与的教学活动为主要形式，教学环节紧密，着力突破根据教学目标设置的教学重点、难点，注重整体的教学目标达成度。	以话题讨论和实践活动为主要形式，以激发兴趣、培养习惯为出发点，整体感知书籍主要内容及主题，对部分内容生发、分享个性化的感受，学生的学习过程自由度较大，更注重学生个体目标的达成。

	单篇课文教学	整本书教学
教学评价	依据课程标准、教材要求、有关部门的要求来评价。	学校、教师可自行研发评价指标。
教材使用	使用国家规定的教材。	学校、教师可自行研制各年级整本书阅读系列。

虽说单篇课文教学和整本书教学有区别，但是在讲究思维训练和个性体验方面两者是一致的，只是因为教学目标的不同、教材的局限，前者的训练空间相较于后者不够大。

要将整本书教学的特点清晰地展现出来，有个抓手，即设计好阅读单。一份好的阅读单，不仅能为班级读书会提供好的讨论话题，帮助学生有效阅读，更重要的是，对教师而言，阅读单的设计能促进教师教材分析能力、教学环节设计能力、关注学情意识的提升，从而实现单篇课文教学的改进。所以我在设计阅读单时，十分重视以下几点：

1. 以开放的话题联结阅读内容

从某种角度说，小学教学应该以活动为主体，让学生在活动中习得能力，构建知识。但以目前的课程设置以及评价要求而言，还无法实现这个愿望。但阅读单上开放式的话题，能让班级读书会成为活泼泼的活动，而不是传统意义上的课。比如，共读《我是白痴》后，我出了两道题，一道给学生：读完书，你产生什么联想了？给彭铁男写封信，同他分享一下你的阅读感受吧。另一道给家长：亲爱的家长朋友，如果您也看了《我是白痴》，请描述一下最打动自己的情节，并说明理由。（写完之后记得给小朋友看一下）

在那次交流会中，我只是一个主持人，协调一下孩子们上台交流的顺序。我更多的是一个倾听者，与许多孩子一起感受其他大读者小读者的心声。

2. 以自主选择抒发阅读体验

没有个性体验，就没有真正的阅读。理想的阅读，是不需要外部作用参与的。但作为课程教学的内容，外部力量免不了，在此情况下，就要特别注意为学生提供自主选择的机会。比如，共读了《戴小桥全传》后，我出了五个题目，学生可以选择其中一个完成。题目分别是:(1)写一篇读书笔记。(2)给作者写一封信,谈谈自己的阅读体会。(3)选择书中一个情节,画出来。(4)如果戴小桥是你的同学,你会喜欢他吗? 请说明理由。(5)班级里有没有和书中人物很像的同学? 如果有,请说说他们的相似点。

结果选择第三题的学生最多。这完全符合学生的特点。有意思的是,很多选择第三题的孩子,在画面上留下了许多文字。有的是写给作者的信,有的是图画的说明,有的是自己的阅读体会,等等。

当孩子们获得了自主选择权时,他们就会积极表达自己的阅读体会,甚至在表达形式与内容上自主创新,思维能力得到锻炼,并以此为乐。

3.以多种形式反馈增加阅读趣味

做语文教师的,说到读,就会想到写。可小学生不是这样想的。现在相当多的孩子不喜欢动笔,即便是基础较好的孩子也是如此。但完成阅读单又不能不动笔。所以教师要找到学生不爱写的是什么,什么是他们爱动笔的。比如:

在《洋葱头历险记》的阅读单上,我设计了:洋葱头在朋友们的帮助下逃出监狱。你能画一下他们越狱的线路,或者越狱的情节吗?

在《随风而来的玛丽阿姨》的阅读单上,我设计了:玛丽阿姨用指南针带着孩子们去了哪些地方? 如果你有这样的指南针,你最想去哪里? 理由是什么?

在《爱丽丝漫游奇境》的阅读单上,我设计了:奇境真是一个奇妙的地方,你有没有想过建造一个属于自己的奇境? 想象一下,很有趣的。想好了,可以画出来。如果你不会画,可以写出来。

读完书,写数百字的读书笔记是多数孩子不喜欢的。简单机械地仿写作者的笔法更对孩子无益。但画一画、猜一猜、想一想都是孩子愿意花时间去完成的。其实一次全身心投入的画一画,一点不比写读书笔记省时省力。多形式的反馈可以增加学生的阅读趣味,让学生在书本和自己之间多走几个来回。要完成上述这些题目需要有高质量的思维过程,孩子需要调用阅读记忆,联结自己的想法,再构思,最后或写或画。由此,阅读交流也就不只是单纯的语文活动,而成为综合活动。

小学生读整本书会促进语文学习,提升语言能力,但如果只看到这一点,就失之狭隘了。课堂中指导小学生读整本书,让其逐步养成阅读习惯,了解基本的阅读方法，为的是以后在课外读更多的书，读自己喜欢的书。教师不应将阅读指导活动等同于文学鉴赏，更不能不顾年段特点，随意拔高难度。如何让小学生在整本书阅读的道路上走得更宽些，还有很多工作可以做。

2018 年 3 月 1 日

《小学生朱自清读本》导读

朱自清先生是中国现代著名作家、学者。几十年来，他有多篇文章被选入中小学语文教材，很多中国人是读着朱自清先生的文章走进中国现代文学之门的。我从《朱自清全集》中选出若干适合小学生阅读的篇什，编成这本《小学生朱自清读本》。整本书分成四个部分：第一部分"你和我"，选录了写人记事的文章；第二部分"踪迹"，选录了状物写景的文章；第三部分"去欧洲"，选录了朱先生的欧洲游记；第四部分"荷塘边的身影"，选录了几位朱先生的学生、同事怀念朱先生的文章的片段。这样分类是因为：小学生平时接触得最多的文章就是写人、记事、状物、写景四类，从熟悉的类型入手，或可增加一些阅读的趣味。为了便于大家在本书的阅读中获得更多收益，下面推荐几种阅读方法：

一、朗声诵读法

朱自清先生的散文是很注重音韵美的，他说自己在写文章时"注意每个词的意义，每一句的安排和音节，每一段的长短和衔接处"。比如《春》《绿》《匆匆》等文章，文字浅显易懂，最宜朗声诵读。读一遍可能无法完全了解文章内容，体会其妙处，那就多读几遍。读的时候，需注意根据标点合理停顿。等读熟了，还可以边读边想象语句所描绘的画面。写自然风光的文章可以诵读，写人记事的文章也能诵读。比如《冬天》中的这一段：

说起冬天，忽然想到豆腐。是一"小洋锅"（铝锅）白煮豆腐，热腾腾的。水滚着，像好些鱼眼睛，一小块一小块豆腐养在里面，嫩而滑，仿佛反穿的白狐大衣。锅在"洋炉子"（煤油不打气炉）上，和炉子都熏得乌黑乌黑，越显出豆腐的白。这是晚上，屋子老了，虽点着"洋灯"，也还是阴暗。围着桌子坐的是父亲跟我们哥儿三个。"洋炉子"太高了，父亲得常常站起来，微微地仰着脸，觑着眼睛，从氤氲的热气里伸进筷子，夹起豆腐，一一地放在我们的酱油碟里。

长长短短的句子错落有致地放在一处，抑扬顿挫地读起来别有意趣，极有镜头感，我非常喜欢读。一边读，眼前就会浮现出一家人其乐融融的画面。

二、图文合读法

《小学生朱自清读本》中附有不少照片，有的是朱自清先生本人，有的是朱先生到过或者住过的地方。有的照片摄于几十年前，有的照片则摄于当下。另外，本书中还配有很多精心绘制的有意思的插图。阅读时，千万不要忽略这些照片与插图，而要将其当作理解朱先生文章的辅助手段。比如，在《我所见的叶圣陶》一文中，配有朱先生与叶圣陶先生的合影，两位先生当时正值青春年少意气风发，神情怡然儒雅。这就为文中记载的平和勤奋敦厚的叶先生写下了一个妥帖的注脚。再比如《福也尔书店》中介绍了伦敦的旧书店，书中配有两张我在伦敦旅行时拍摄的旧书店的照片。虽然朱自清先生逛的旧书店与我逛的应该有很大区别，但从照片和文章中呈现出来的英国人爱读书的文化是一致的。书中的插图也好极了。《匆匆》一文中，配了一整页的插图，一株笔挺的老树旁站着一位仰头凝望的先生，几片落叶正缓缓飘落。从先生的长衫和地上的小草晃动的方向看，几乎能感受到萧萧秋风。时间就是在这风中悄无声息地匆匆流逝的吧。为《荷塘月色》配的插图更妙了。横跨两页的挨挨挤挤的荷叶将文字围在中间，文字的右上角有一抹淡淡的月影。《荷塘月色》的文字对部分小学生而言可能有些难，可看了如此美妙的插图，小朋友应该会获得独特的感受吧。

除了关注本书中的照片和插图，大家也可以根据文章再到图书馆或利用网络查找更多相关照片。因为篇幅有限，像朱自清先生故居和扬州风景的照片只放了几张，如果能查阅到更多的，相信你对朱先生的生活经历和文章会有更全面的了解。

三、绘图辅读法

我在《小学生朱自清读本》后记中这样写道：朱先生走过许多地方，写过不少游记，也是要选一些的。其中，我特别重视朱先生写在欧洲游历的那些文章。现在社会发展，出国方便，文中提到的一些国家，有的小读者也曾去游览过。读了文章，将自己的感受与朱先生的感受作一番比较，或者将当下的中国与外国作一番比较，都是很有趣也很有益的事。如果有的小读者还没机会出国旅行，没关系，读了朱先生的文章，便是完成了纸上的旅程，一样增长见识，启迪思考，为形成国际理解观念打下基础。

所以，我建议小读者们读完这本小书后，或者在读的时候，可以打印一张中国地图、一张世界地图，在上面标注出朱先生到过的地方，为这个地方写过什么。如果你有兴趣，也可以自己设计路线图或者思维导图，这是一种十分有意思的读书笔记哦。设计完了，再涂上颜色美化一下，贴在教室里，与同学们分享，那就太完美了。要知道，不同的人读同一本书是会读出不一样的感受的。了解别人的阅读体验，也是有益的阅读。

四、合作阅读法

一本书，几十篇文章，总有喜欢的，或者不太喜欢的。总有读了几遍还想读的，也有浏览一遍就过去的。这都是正常的。所以，如果老师有兴趣，不妨针对班级中学生的阅读特点，为这本书作一个阅读方案。先让孩子们分头认领喜欢的篇目，数人一组自主阅读。然后指导孩子们用喜欢、擅长的形式，作一次小组阅读成果交流。或写或画，或说或演，使用媒体，邀请外援，怎么开心怎么做。这一定极有趣。等交流结束，再根据同学们的阅读成果自由重读，收获会更大。在指导孩子们阅读时，老师可以重点阅读本书中的"读与思"，相信会对提高自身的文本解读能力以及引导孩子阅读有所助益。还可以从书中选一篇为学生上一课，作一次精读指导。

以上方法只是我的一孔之见，建议而已。大读者和小读者们，用你们喜欢的熟悉的方式，阅读《小学生朱自清读本》吧。

2016 年 2 月 28 日

中编　如是我评

水滴与大海

　　语文课应该关注表达，即：学完一篇课文后，教师应该使学生明白作者写了什么，如何写的，那样写有什么好处，寄托了作者的什么想法，从写法中能学到什么。这些任务不可能在一节课上都完成，教师应依据教材特点、学生基础合理制定教学目标，妥善设计，经年累月，一步一步地做。贾志敏老师的《我看见了大海》一课给我们作了一个很好的示范。

一、学会把长文章读短

　　较快地通过阅读来把握一篇长文章的主要内容，是高年级小学生应该初步具备的重要能力。如何使学生获得这种能力呢？要靠教师引导和环节铺垫。贾老师先请学生找出描写主人公河子的句子。交流之后，出示句式：河子是一个（　　）的女孩子。经过之前的充分交流，学生很容易说出自己对主人公的感受。接着，贾老师又引出文中第二个人物继父，并请学生再次填空：河子得到了继父的（　　）和（　　）。这两个填空帮助学生体会到课文是分成两个部分来写的。将两个填空合在一起就是文章最基本的内容梗概。贾老师先读出文章结构上的特点，再根据学生阅读心理设计出合适的教学环节，组织学生根据提示读书，帮助学生通过阅读实践活动体验如何把长文章读短，如何归纳出主要内容。这样，学生就从"不会"一点点走向了"会"。

二、在语境中学习词语

学会理解关键词就能更好地理解句子以及作者的思想情感。在此基础上回过头体会词语，学生就能对词语有更深的了解。比如下面这个环节——

> 师："欣喜若狂"是什么意思？
> 生：格外高兴。
> 师：跟欣喜若狂意思相近的词有——
> 生：喜出望外。
> 生：兴高采烈。
> 师：喜出望外、无比高兴、兴高采烈和欣喜若狂相比，哪个词更能表现出高兴？
> 生：欣喜若狂。
> 师：欣喜若狂是怎样的高兴？
> 生：就是高兴得要发狂了。
> 师：高兴得快疯了，什么事让继父欣喜若狂？
> 生：每当她做了她原先不会做的事，继父就会变得欣喜若狂。

"欣喜若狂"对于学生而言，并不难理解。他们能通过查字典、猜测等多种渠道了解它的意思。但脱离语境得到的词义是"死"的，它无法帮助学生有效提升理解、表达能力。在上述教学环节中，贾老师引导学生通过阅读自行体会关键词的含义。然后再请学生比较意思相近的词语，体会词语间不同的感情色彩，最后将词语还原到句子中，让学生在具体语境中再次体会词语的含义，由此真切地感受到河子获得进步时继父的欣喜。"欣喜若狂"最终变得"生意盎然"。

三、循序渐进理解课题

课文题目的理解是本课难点，贾老师从课题解析切入教学，找出文章的主人公，然后逐一展开教学环节。事实上，几乎每一个环节都或多或少地在为学生理解课题作铺垫。特别是在继父鼓励河子学会自己照顾自己的部分中，贾老师设计了一些互相关联的提问：继父说了一个什么谎言？继父为什么要说这个谎？河子最终成为什么样的人？当学生回答出这些问题时，对课文内容也就非常熟悉了。此时，贾老师回到课题，再问：她看见大海了吗？"大海"指什么？此时，学生就能很容易找出课题中的寓意。

这样的一个循序渐进的教学过程，从表面上看，是指导学生理解了课题含义。但在这个过程的背后是一种思维的训练。从一定程度上说，这比理解课题重要得多。教师逻辑严密的教学设计能对学生起到潜移默化的影响，使学生优化自己的思维方式。

从贾老师的课堂上，我发现了上述三个点。看上去，这些点之间好像没有什么关联，但实际上它们都体现了贾老师一贯的注重语言训练的教学思想。教会学生阅读，教会学生理解，最终实现教会学生表达。如果把学生的语言发展比作大海，那么每堂课、每一次师生言语交往活动和扎实的语言训练就是一滴滴小水滴。只要教师在意每一滴小水滴的积攒，那么我们就一定能真切地看到大海。

2010 年 11 月 2 日

一堂扎实灵动的好课

看过王林波老师上《老人与海鸥》的教学录像，当时就对王老师扎实灵动的教学风格留下了很深的印象。如今再读教学实录，更多了一层认识与启发。

一、字词教学不放松

识字教学是低年级的教学重点，但这并不是说中高年级就不需要识字教学。小学语文教学做的是基础工作，识字教学在每个年级都十分重要。王老师在教学"抑"时，先请学生观察"抑"字的字源，再比较分析，并口述出来，然后进行书写练习。这个过程用时不多，但非常有必要，因为"抑"字很容易写错。通过上述教学环节，学生不仅将字形字义联系起来，还了解到了汉字文化，这就极大地加深了对该字的印象。与低年级识字教学相比，王老师根据学生年龄特点和汉字构造特点，组织学生自主学习，在完成识字写字的同时，学生的学习能力也得到锻炼。

在生字教学之后，王老师巧妙地将课文中的重点词语分成两列，引导学生根据词语快速了解文章主要内容，提高了学生的阅读效率。

二、品句悟情练表达

《老人与海鸥》讲的是人与动物之间的情谊，这比理解人与人之间的情感更难些。学生对老人与海鸥的故事没有直接体验，因此要理解的话，必须深入学习文本，从句子入手，读通读懂，把自己放进去。王老师就是这样做的。他先请学生找出描写老人喂海鸥的句子，体会其中的形容词的作用，再通过添加形容词加深主人公情感的理解。接着，又让学生想象老人如何呼唤海鸥，并且通过变换节奏朗读，变化格式朗读，以读促思，以读悟情。看似简单，只是读读而已，但是教学过程却非常灵动。

　　读句子，添加形容词都是很常用的教学方法，但要将其作用落实到位却不是简单的事。第一，不同阶段的读应该有不一样的要求，要求之间应该呈现出坡度和层次，这样才能使学生通过朗读不断加深体验与理解。第二，换词填词应该依据句式特点和课文整体要求而定，也就是说，不是随便什么句子都可以做这样的练习。如果为了做而做，那么对学生语言素养的发展没有任何好处。

　　语文教学应该致力于提升学生语言素养，因此教师需要引导孩子细心体会语言的表达形式，让学生在阅读实践中习得阅读策略。这两点在王老师的课堂中都有很好的体现。比赛课，老师们往往喜欢上第二课时，因为看上去教师可讲的东西会多一些。但是王老师却选择了第一课时，因为他关注的不是自己可以讲多少，而是创造机会让学生参与言语实践活动。因此我们看到了一堂扎实灵动的好课。

2014 年 4 月 17 日

"不放松文字"的三个层面

我购读的第一套现代作家全集是《朱自清全集》，编选的第一本现代作家作品选集是《小学生朱自清读本》，所以当李碧云老师邀我为她的《扬州茶馆》一课写点评时，我立刻答应了。

在《小学生朱自清读本》后记中我写过这样一段话：

朱自清先生说自己"是一个国文教师"，写文章时"注意每个词的意义，每一句的安排和音节，每一段的长短和衔接处"。他把这种态度称作"不放松文字"。这些不被放松的文字正是小学生学习语言的绝好教材。

"注意每个词的意义，每一句的安排和音节，每一段的长短和衔接处"这句话实在太重要了，它不仅告诉我们如何去读朱先生的文章，也告诉我们如何去教小学生读。

《扬州茶馆》一课中首先吸引我的环节是让学生交流预习时发现的问题。学生说："为什么每一节都有分号？"从这个提问可以看出，李老师平时一定是极重视朗读教学的，因为在朗读教学中最能引导学生辨析标点与停顿、音节组合、感情抒发的关系。识字教学和朗读教学是小学语文教学的核心内容，应该贯穿在整个小学阶段。这是"不放松文字"的第一个层面的内容。李老师平时的阅读教学是扎实有效的，所以学生自读课文后，不仅能关注内容，甚至对标点也不放过。这就为阅读《扬州茶馆》这类经典文本开了一个好头。接着，李老师顺势引导学生理解分号的作用，并通过多形式的朗读训练帮助学生加深理解"零碎茶点"部分的内容。

想让小学生习得语言文字，如果只是读一读，是达不成目标的。非得出来进去好几回才行。比如，为了让学生理解"渼"字，李老师先请学生读字，说字义，再引导学生关注书本上的注释，最后用动作演示巩固理解。又如，为了让学生关注烫干丝的动作描写，李老师先让学生圈出动词，再观看视频理解动词，最后利用先前学过的分号，将一组动词分成三个步骤，此时这些动词就不再是一个一个抽象的词语，而被学生建构成一系列生动具象的情景。一番进进出出，到了这一步，就完成了"不放松文字"的第二个层面——有意义地理解语言文字。

至此，"不放松文字"的第三个层面就呼之欲出了——个性化地运用语言文字。李老师借助复述这个载体，让学生为烫干丝的录像配解说词。由于学生此时对课文内容已经非常熟悉，一口气说下来，毫不费力。但李老师却引导学生注意课文内容与录像的细微差别，调整复述内容，由此，帮助学生完成语言内化，使复述不再是机械的训练，而是与学生生活相联系的表达需要。同时也达成了复述这一单元学习目标。

课上到最后，李老师让学生运用分号和复述等手段，分小组学习"小笼点心"部分，教法与学法合二为一，让课堂成为学生进行言语实践的场所。

整堂课依据课程标准、语言学习规律、课文特点，精心挑选教学内容，设计出逻辑清晰的教学环节，使学生循序渐进地习得语言，愉悦地达成教学目标。

2016 年 2 月 12 日

全在言语实践中

《太阳》是篇老课文，很经典的说明文。小学语文教材中的说明文不多，因此这篇课文被研究、被当作公开教学材料的频率极高。所以当我知道沈建英老师要上这篇课文时非常好奇：沈老师会上出怎样的新意呢？

教学的新意，不是随便生造出来的，更不是靠哗众取宠的手段获得的。教学新意的产生要基于当下学生的学情和执教者的教学风格。我记得支玉恒老师的《太阳》上得很有特点，但那是几十年前的课。如果面对现在的学生，照搬支老师的设计，恐怕是不合适的。教学新意的产生还要基于当下语文课程的教学目标以及学科研究经验。如此来看沈老师的这堂课，听课老师和课堂实录的读者是可以有启发与收获的。

现在很多老师上课都开始关注文体特点，这是对的。关注文体是中国人读写文章的传统。许嘉璐先生在《古代文体常识》一书中简略介绍的古代文体就达十余种之多。为什么要创设出那么多文体呢？往大处说，那是一种规则与礼的体现。往小处说，就是用一种最合适的方式表达某种意思。小学生学习语文，就是要学会把自己的意思说清楚写明白。所以关注文体特点展开教学，是提高小学生语文学习效率的好方法。

《太阳》一文的文体特点是层次分明，使用举例子、举数字等方法将太阳的特点以及太阳与人类的关系准确地描述出来。如何让小学生真切地掌握这些，而不是简单地将概念灌输给他们呢？沈老师在引导学生理解太阳"热"的特点时，先请学生寻找相关句子，学生找出句子后，沈老师请学生说明阅读感受——

生：这里说太阳的表面温度是 6000 度，中心温度是表面温度的 3000 倍。

师：对啊！平时38摄氏度我们就已经感到热得受不了了，6000度你受得了吗？很好，我们从数字上感受到太阳"很热"这个特点。

生：钢铁碰到它，也会变成汽。

师：很好。这里不仅列了数字，为了让我们更清楚地了解太阳到底多热，还举了个例子呢。谁来把这个例子读好？请你来读。

生：就是钢铁碰到它，也会变成汽。

师：这里作者举的是"钢铁"的例子，那可不可以举个"木头"的例子？"就是木头碰到它，也会变成灰"好不好吗？

生：不可以的。

师：为什么不行？你来说。

生：木头很容易就被烧成灰的，而钢铁和木头有区别。所以举"钢铁"这个例子比较好一点。

生：因为钢铁要比木头耐高温，所以它这边要是写木头碰到它，我们不会觉得什么，但是如果写钢铁碰到它的话，因为钢铁已经是最硬的东西，它也会变成气体。那如果是木头碰到它的话，不就更不成东西了。

师：是啊！更能够看出太阳的什么？

生：热！

在上述教学环节中，学生说明对句子的理解，是一种很好的语言内化的操练。不过沈老师没有就此打住，紧接着，她让学生比较"钢铁"和"木头"两个例子哪个更好。这个问题一下子让教学跳出机械传递概念的窠臼，引导学生明白这里用了举例子的方法，更要明白，举这个例子有什么好处。

类似的环节在这堂课中还有不少。其教学效果证明，将必要的概念转变成言语实践活动，是小学生学习语文知识的最佳方式。而且，言语实践活动必须具备一定的思维力度。这一点在课文内容的梳理，句子之间、段落之间关系的体会环节中表现得很清楚。

小学语文是基础学科，要教扎实，只有结合学情从字词句篇、听说读写入手。而教学新意就在其间，就看教师能否想到，能否发现，能否把握住。

2016 年 2 月 17 日

纲举才能目张

小 引

《伟大的友谊》和《詹天佑》同属沪教版教材五年级第一学期第八单元。该单元的主要教学目标是根据课文题目、重点句子、课文线索等方法归纳课文主要内容。今天两堂课的执教者都紧紧围绕该目标处理教材，设计教学环节，引导学生学习。两堂课为同行们提供了一条很有价值的教学思路，除了得到启发，我也有一些思考，写下来，分享给同行。

一、要用最适合的材料教

两堂课的教学目标很明确，那么用什么来教呢？

《伟大的友谊》是篇老课文，也是一篇意识形态味道很浓的文章。我想，作者之所以说马克思恩格斯之间的友谊很伟大，是因为他认为共产主义学说是伟大的，信奉共产主义学说的共产党是伟大的。课文中有一个过渡段，归纳了全文主要意思——马克思恩格斯在生活和工作中互相帮助，产生了伟大的友谊。但是，从课文内容看，在生活上只写了恩格斯帮助马克思，"互相"两字在这个部分显得牵强了。因此，执教者将"工作部分"当作主要内容来讲，是明智的。

《詹天佑》开头就说"詹天佑是我国杰出的爱国工程师"。可是詹天佑的"爱国"在课文中没有很直接的体现，课文大量篇幅写詹天佑勘测线路、开凿隧道、设计线路，以此体现其"杰出"。但是执教者却将时间花在了"爱国"部分，将"杰出"部分放在第二课时。

很多同行在上篇幅较长的课文时常为划分课时犯难，在我看来，首先要明确教学目标，再确定教学素材，然后思考如何运用素材实现目标，如何有效，就如何划分课时。《詹天佑》中，如果"杰出"部分更能训练学生的概括能力，何必舍"优"取"劣"呢？

二、要基于学情精巧灵活地教

先师商友敬先生曾数次对我讲，他当年初上讲台，不会讲课，去请教谭惟翰先生。谭先生说，语文教学过程必须始终掌握三条思路，即课文作者的思路、学生学习的思路和教师根据前二者确定的教学思路。这三条思路取得和谐统一，教学才能成功。当初听商老师转述这话，似懂非懂，但教书20多年，好像有点明白了。以《伟大的友谊》为例，作者的思路是运用词句揭示"伟大"，课文第一节用了五个"共同"，最后一节用了两个"共同"，两个"四十年"。在写工作上互相帮助时，一个小节写两人同住伦敦时经常讨论政治问题，一个小节写两人分开住时用书信继续讨论问题，然后进一步说两人的互相关心到达"无微不至"的地步。因此，教师在教学时，就应顺应作者的思路帮助学生理出学习的思路，由扶到放，最后使学生学会阅读方法，完成言语实践训练。

执教者基本也是照着这个思路上，但不足的是，这条思路呈现得不清晰。上着上着，总有各种"打岔的"出现。比如，让学生区分"伟大的友谊"和"伟大的马克思主义"，两个"伟大"的不同，这太难为小学生了。要区分清楚，首先要说清楚什么是友谊，什么是马克思主义。后来老师小结时，也没有说清楚。在我看，两个"伟大"没有明显的词意不同。又如，学生找到五个"共同"后，老师问为什么要用五个"共同"。其实，如果直接问五个"共同"放在一个小节里写有什么好处，是不是更明确些？再如，让学生归纳第五第六节节意时，老师说要给大家句式，可结果没给。要求学生找出重点词写批注时，也没有说清楚批注什么。学生归纳出第五第六节节意后，老师指导学生先比较，再将两节节意连起来，依然不给出辅助方法。一个孩子说错了，就换一个来说，第二个说对了，这个环节就过去了。至于对"无微不至"部分的理解，更是用一问一答、自问自答的方式完成，学生的主体性没有体现。课堂中有一个小细节，我印象很深。老师让学生比较第五第六节节意并找出其中的问题。老师的预设是找出"讨论"和"交换"的区别，但一个学生却问：两个小节里为什么要重复写讨论重大的政治问题？显然，执教者对此没有准备，便忽略了。其实这个问题问得多好啊！如果能抓住，非但能解决两个词语的辨析，还能提升理解内容和表达形式的效率。

那么，清晰的思路应该是怎样的呢？我根据执教者的教案，调整如下：

（1）为什么要用"伟大"修饰"友谊"？读最后一节，找出能体现"伟大"的词句。（2）"共同"不仅出现在最后一节，在第一节中也反复出现，这样写有什么好处？（3）课文中还有一个特殊的小节连接了课文前后两个部分，也反映出友谊的"伟大"，找出来，讲解过渡段在归纳全文主要内容中的作用。（4）课文重点是从工作上互相帮助来体现友谊的，阅读第五至第六节，用"在什么情况下马克思恩格斯做什么"的句式说两节节意。（5）比较"讨论"和"交换"，比较两个节意的异同，用一个关联词将两节节意合在一起说。讨论：这两节中如何体现出"伟大"？（6）小组学习第七节：哪些句子写出了伟大？已经有了第五第六小节，第七小节是否多余？（7）在本课中你学到了哪些概括主要内容的方法？

以理解作者如何阐述"伟大"为线索，以练习归纳概括能力为纲，以词语教学篇章教学，理解作者遣词造句的匠心和行文思路为目。

《詹天佑》一课中归纳主要内容的练习是这样做的：老师让学生找出詹天佑做了什么，并将学生说出的零散句子当场写在屏幕上。然后指导学生梳理出"接受任务""勘测线路""开凿隧道"等小标题。最后引导学生关注每节第一句话，说第一句话有时能帮助我们更好地归纳主要内容。我觉得学生说零散的句子，老师当场书写修改整理，这种方式比较适合三年级教学，对五年级学生而言，太浅了。学生通过阅读完全可以归纳出那些小标题，或者老师直接要求学生梳理出四字小标题，学生也能很快完成课文内容梳理，有什么必要大费周折呢？上完这个环节，老师围绕"轰动""笑话""毅然"等词引导学生体会"爱国"，为了达成这个目标，让学生想象詹天佑的想法、民众的议论等。在毫无背景知识的情况下，这样的想象练习均是无意义的，学生只能乱想乱说，教师亦无法有效指导。其实，将"杰出"讲透彻了，再补充一些相关时代背景资料，"爱国"自然就出现了。空谈爱国，何必呢？

这课的教学思路，我曾写过，此处不再赘述。

《伟大的友谊》和《詹天佑》都能简单地教，也都能复杂地教。如果基于单元目标，那只能简单教。但即便是简单教亦需要基于学生情况设计精巧的言语实践活动，才能调动起学生学习的积极性。

三、要始终关注系统地达成单元目标

同单元的两节课，一前一后，那么上的时候，是否应该呈现出教学起点的逻辑性？也就是说，在《伟大的友谊》里已经学过的概括课文主要内容的方法在《詹天佑》一课中要复习，要运用，要提升。这一点，在课堂上没有体现，《詹天佑》一课甚至还将教学难度降低到了中年级水平。

两节课上执教者都进行了段落意思的归纳练习，作为铺垫当然可以，可课文主要内容的归纳才是单元核心目标，教学中却没有体现。从教案看，可能放在第二课时，但对五年级学生而言，归纳概括不是全新的知识，为什么不能直接放在第一课时练习呢？到了第二课时，可以针对存在的问题拾遗补缺啊。那样岂不是更高效？

在单元解读中，我看到还有一条目标：尝试解释文中事例与中心的关系。这条提得很好，课本上没有。学好了，既掌握了阅读策略，也获得了习作技能。《詹天佑》一课围绕"爱国"做文章，看似是为了达成该目标，实际上，由于教学设计没有基于学情，效果不理想。"爱国"部分有几句话：

有一家外国报纸轻蔑地说："能在南口以北修筑铁路的中国工程师还没有出世呢。"原来，从南口往北过居庸关到八达岭，一路都是高山深涧、悬崖峭壁。他们认为，这样艰巨的工程，外国著名的工程师也不敢轻易尝试，至于中国人，是无论如何也完成不了的。

执教者显然忽略它们了，如果一定要从"爱国"部分上起，抓住这几句话，将其与后文联系起来，上述目标就可以达成得很好。可惜力气用错了地方。

纲举才能目张，虽然两堂课的"纲"定下了，但"举"得不够好，于是非但"目"得不到充分彰显，还影响了"纲"的有效达成。

2015 年 12 月 29 日

从"小贩"到"导购员"

"熟悉的陌生人"

十多年前的我，有时间有精力，几乎每天都去教育在线论坛上看帖子发帖子。就这样，结交了不少网友，有的也是教师，有的不是。慢慢地，一些网友不再满足于电脑前的交流，纷纷从虚拟环境走入了彼此的现实世界。我比较懒，不愿多走动，即使在现实生活中，朋友亦不多。有一次，为了编一套给小学生看的文学课本去杭州开会。开会地点在郭初阳的越读馆。会议结束，一起午餐，一位网友赶来相聚，见到我，握手，笑着说：终于见到你了，熟悉的陌生人。不知道为什么，我很喜欢这个称呼。现在想起来，初阳之于我也应该算是"熟悉的陌生人"吧。

说熟悉，我与初阳是同龄人，他是七三年生人，我七二年来到这个世界上，我们的精神成长过程有相同之处，很多核心观念是一样的。说陌生，我与初阳生活在两个城市，只有参加一些活动时才能遇到，日常交流实在很少。如今要写一篇评说他的课堂教学的文章，真不太容易。

说起要给他写评课，那是因为今年4月在哈尔滨，我与他一起参加一个教师阅读活动。那次，初阳上了《动物庄园》的读书课。课前，我看见他手里拿了本《动物庄园》，不时翻阅。里面有不少批注，书页边缘还粘了很多小标签。我也喜欢读书，也是因为懒，只是读，从不动笔圈圈画画。所以看着他手中的书，一下子生出许多感佩。初阳向我推荐了哈尔滨的几处景点，我也想去逛。不过最后还是被他的课堂吸引住了。

资料背后的启蒙力量

　　了解初阳的课堂是从《项链》一课开始的。那是一节高中语文课，虽然不是现场听课，而是读课堂实录，但我仍旧可以感受到课堂上活跃的气氛。学生没有把老师晾在讲台上，用头顶心对着他，默默地听他讲解。学生在郭老师的引领下交流感受，碰撞观点，放弃传统的"虚荣说"，获得了诸多独特的体验。令人惊叹的是，初阳在课堂中动用了几乎所有的文本解读方式：文本细读，作者背景资料，相关评论，文本结构要素分析，相关的文本互证，等等。众多资料构成一股强大的力量，不断推动学生思考。这些资料形式内容虽然不一样，可实际上全都指向了初阳想要在课堂上得到的结果，颇有一种"六经注我"的气魄。在初阳之前，我从未见过这样的高中语文课。坐在这样的课堂中，是对智力以及体力的挑战。后来我发现，为学生解读文本提供大量资料，或从普世价值，或从文艺欣赏，或从思维方式的方面开展启蒙，是初阳教学中的一大特色。

　　因为小学教材中有《珍珠鸟》一课，所以初阳给初一学生上的《珍珠鸟》我是认真读了的。一边读，一边与自己的教学比较。我给小学生讲《珍珠鸟》是从语言文字学习入手的，初阳则是定位于思想启蒙。启蒙思想是我所乐见的。但读完课堂实录，面对众多的资料，我忍不住想：初一学生能否在课堂中完全消化它们？另外，对于从《珍珠鸟》一文中解读出"囚禁"的话题，并努力将学生拉到这个终点，是否合适呢？

　　冯骥才曾撰文谈及"文革"，有一天他去参加一个公判大会，看到一个人因为写文章而被判无期徒刑。他写道：

　　回到家，看着妻子，心里忽然涌起一种很悲哀的情感。我设想自己也会像那个写反动文章而被判无期徒刑的人，想到妻子会永远地形同守寡……这不是神经质的想象。灾难的时代充满灾难的可能。于是我把那些纸块尽量找出来，再将其中最重要的内容浓缩到另外一些薄纸上，废掉纸块，把这些薄纸卷成卷儿，用油纸包好，拔下自行车的车鞍，塞到车管里去。可是，我刚刚感到了一点安全，又开始担心自行车丢掉。尤其那时期单位里经常发动人们互相查找"敌情线索"，我总感觉会有人扑向自行车，从车管掏出那些足以判我死罪的文字。我终于抵抗不住内心的恐惧，悄悄把车管里的纸卷儿弄出来，先将这些文字强记在脑子里，再烧掉，或在厕所里用水冲掉。此后我便改变了写作方式，一旦冲动便写下来，再一遍遍背诵，把它记住，然后将写的东西烧掉，不留下任何痕迹。我就这样一直做到"文革"的终止。

他还说：

以我的人生经验，每人心中都有一块天地绝对属于他自己的，永不示人；更深的痛苦只能埋藏得更深。可是当这些人淌着泪水向我吐露压在心底的隐私时，我才知道，世上最沉重的还是人的心。但他们守不住痛苦，渴望拆掉心的围栏，他们无法永远沉默，也不会永远沉默。这是为了寻求一种摆脱，一种慰藉，一种发泄，一种报复，更是寻求真正的理解。在那场人间相互戕害而失去了相互信任之后，我为得到这样无戒备无保留的信赖而深感欣慰。

在这些段落中，冯骥才已经很清楚地说明了《珍珠鸟》的创作背景以及"信赖"的由来。所以，我觉得初阳对《珍珠鸟》的解读过度了。我当然赞赏他在课堂中启蒙思想，但如果能换一个材料，或者就从"信赖"拓展出去也许会更合适吧。初阳的这两堂课引发了我的思考：我们在课堂中面对不同年龄层次的学生该如何有效地启蒙？是老师先形成一个观点，然后把学生硬拉过去，还是让学生自己走过去？

如何读《弟子规》

第一次现场听初阳上课是在 2008 年 3 月。在上海师范大学的礼堂里，他给初一学生上安徒生的童话《老头子做事总不会错》。第二次是在 2010 年 10 月，在扬州听他上《弟子规》。照旧，两堂课上依然运用了不少课外资料，依然把启蒙当作课堂核心价值。两节课，有褒扬也有争议，谈论者的议论角度也很多样，这自然是非常好的。而我特别关注的是初阳在课堂上是否适当淡出，让学生获得更多的学习时间和空间。

先说《老头子做事总不会错》一课。有一个环节令我印象颇深：

师：我们最初的印象是老头子非常傻，老太太更傻。他们好像没有遵循商品交换的一般原则，但是我们遵循了什么原则呢？接下来我们要做一件事情，请各位根据文章的内容想一个最为恰当的词语，等一会儿，我要请同学把这个词语写到黑板上来。我们先独立思考两分钟，请你想一个词语，什么原则，可以用来解释他们的行为？不要讨论，独立思考。

好了，请各位看一下投影。我们这儿有 A、B、C、D 四个字母，分别代表每个小组的四个同学。过一会儿，请 A 同学上来写你们得出的词语。请 C 同学来解释"我们为什么概括了这个原则？""我们为什么使用这个词语？"如果 C 同学说得不够充分，请 B 和 D 同学来加以补充。

好，请各位动用集体的智慧，想出一个最为恰当的词语来解释这个故事，不要让你们小组落后！

故事中的老头子用一匹马换来了一堆烂苹果，而他的老伴竟然很开心。这样的故事带给学生的第一印象就是主人公很傻且不自知。如果就这样把"傻"这个标签贴在这个故事上，那就太辜负作者的一片心意了。文学阅读第一要则是多元。要让学生有机会说出各自独特的感受，教师得有良好的教学组织能力。在上述环节中，初阳先让学生单独思考，再让学生小组合作讨论。这是一记妙招。这样可以避免部分基础好的学生剥夺另一部分学生的话语权。对于小组合作的分工，初阳也精心安排。我还注意到，初阳上公开课前一般都会先跟学生们明确发言的规则，以此保证每个孩子都有机会说话。这些小细节看上去不起眼，好像可有可无，实际上反映了执教者的学生观，保障了全体学生都能得到发展的机会。从另一个角度而言，这也是一种民主意识的训练。后来学生在黑板上纷纷写下自己的感受，并合作完成交流任务，可见这个环节设计得很成功。带着学生阅读文学作品，教师要做的其实很简单，第一自己心中有个目的地，第二指一个方向、提供几条路径给学生，并告诉学生也可以自己踩出一条小路，然后就与学生边走边聊。至于最后走到了目的地还是没走到，抑或走过了头，都不是最重要的。最重要的是一起走一起体验的过程。初阳的这节课显然已经达到这样的层面。

《弟子规》一课在关注学情、组织讨论方面，又向前跨了一步。他事先让学生预习学习内容，完成习题，然后回收预习单，将学生的作业开发成教学资源。课堂上组织学生联系自己的生活随机地辨析《弟子规》中的一些说法。比如"亲有疾，药先尝"等。听课中，我忽然想起周作人的一句话——伦理之自然化。初阳通过引导学生讲述辨析，将现代公民意识传递给他们，使其学会用现代意识去阅读古代文本，了解古人，做个现代人，而不是一味简单地背诵。

现场听到的这两节课让我感受到初阳的课堂教学的转变，他说得少了，也不急于把自己的观点直接抛出来，他的课堂环节设计愈发简洁深刻，学生在课堂中有了更多的学习经历。那段时间，初阳写过一段有趣的话，他把自己比作一个小贩，很能反映他对课堂教学新的思考——"这个货品不多、存量有限的游方小贩，摇着拨浪鼓要顾客们排队等候那唯一的一块麦芽糖，叮叮当当地敲，感觉好得不得了，以为这是全世界最好吃的东西……时代一变，转眼他就失业了！于是这个失业小贩，开了一家微型超市——自由挑选吧！"

令人激动的《动物庄园》

兜了一大圈，回到最初的话题，说说初阳的《动物庄园》一课。整堂课大致分成如下环节：

（1）了解作者情况、出版信息、版本变迁，以及作品的主要人物和目录。

（2）讨论：读到这个地方，我吃了一惊。找出吃惊的地方交流。

（3）了解书中的"七戒"，讨论"七戒"被修改的过程。

（4）观看电影片段，分享对主人公的感受。

（5）小组合作讨论：如果你生活在动物庄园里，你会怎么办？

前面提及的几堂课的主体教材都是单篇文本，而这节课用的是一本书。或许是因为书籍本身已经具备很丰富的资源，初阳在课中没有像以往一样提供很多课外资料。于是课堂上学生们将注意力集中到了教师提供的几个议题上。

第一个环节，初阳带着学生一起回顾整本书的大致内容。其中利用插图帮助学生熟悉书中人物，很形象，也很有效。《动物庄园》是一部政治寓言小说，给初一的孩子讲，讲到什么程度，如何切入，是要花心思的。初阳安排的第二个环节实在高明。如此特别的一部作品，学生以前肯定没有接触过，要找出吃惊的地方，自然不是难事。请看一段实录：

生：老少校死后动物们的反应让我觉得吃惊。我以为其他动物没有能力反抗了，信念都没了。可是没想到，大家还在坚持。我发现，做事情信念很重要。

师：开国元勋一般死得比较早。

生：猪会读书很奇怪，还会读拼音课本，令我很吃惊。

师：对于读书识字，动物都不太在行，这也是事态发展到后期动物出现分化的一个原因。

生：我觉得动物都有思想，很古怪。

师：我们以为动物只是动物，没想到这里动物有思想，所以我们很吃惊。

生：在第113页写着："四条腿好，两条腿更好。"可原本戒律上写的是两条腿的是敌人。这令我吃惊。

师：这个同学说出了很重要的一点。戒律重要，却随意地被修改，这真是令人吃惊。

　　初阳先让孩子们同桌合作讨论，然后又给出不少时间听学生的交流。交流的过程就是孩子们对作品主要内容再次熟悉的过程，特别是初阳看似随意的点评，实际上是在将作品线索暗示给学生，为后面的教学作铺垫。由于给学生比较充分的时间讨论，最后一个孩子说到戒律，于是初阳接过话题展开下一个环节。说到铺垫，其实对修改戒律的讨论和看电影片段加深对主人公的了解都是很好的铺垫。有了铺垫，学生的思考和情绪基本到位，所以当初阳让学生小组合作，研究如果自己就生活在动物庄园里该怎么办时，孩子们的方案很自然地一个一个喷涌而出。回过头来，再看看这堂课中的几个环节，看似随意，实际上暗含了一条线索，逻辑相当清晰。从复习内容到讨论戒律的修改，从七条戒律最后变成了一条——"所有动物都是平等的，但有些动物比其他动物更平等"的讨论，到学生先读出"除了猪之外，农场里其他所有的动物都是平等的，但猪比其他动物更高一等"，再到因为初阳的追问而读出"用一个口号来假装，来欺骗"，教学过程一点一点向前推进，帮助孩子们读懂奥威尔，初步了解动物庄园的本质。随后，初阳再用一段视频让学生获得更感性的认识，最终让学生将自己与作品联系起来，使阅读过程获得升华。教师能提炼出这样的脉络，源于他对作品的深刻理解以及对学生学情的准确把握。

　　可是，初阳没有止步于此。当每个小组的代表在黑板上写出一个一个"团结""反抗"时，初阳又一次不失时机地问学生：我们应该如何对待"拿破仑"？孩子们都说，要改变他，让他变好。没有人说要杀死"拿破仑"。孩子们还小，当然不懂得只有制度才能阻止独裁者再次出现的道理。初阳自然是知道的，但是，他没有告诉学生。在这节课中，我激动了两次，出了两次汗。一次是学生读懂戒律的变化，另一次是学生们写出"反抗"。不过印象更深的是在激动之后，我感受到了人性的温暖，感受到了好的教学的余味。

初阳上完课，便匆匆赶往机场，而我还激动着。因为我感受到初阳课堂的又一次变化，如何启蒙的问题被他自己解决了。他把教师指导与学生自主学习的关系处理得非常好。

目　送

初阳，这个"超市的老板"，凭着勤奋真的将原来的"微型超市""开得跟马科瓦尔多所爱的那家超级市场一样大"了。这家超级市场里不再设置收银员，却开发了一套功能强大的货物比较平台，便于顾客了解货品的特点、价格。初阳脱掉了老板的西装，换上了导购员的工作服。当顾客流连于琳琅满目的货架前时，当顾客操作货物比较平台时，他总能及时上前，妥帖地说几句可心的话，然后悄悄离开，让顾客们慢慢走，慢慢选，自己结账。初阳则在一边笑眯眯地目送顾客们满载而归。

2014 年 6 月 20 日

下编　如是我教

《天鹅的故事》课堂实录

《天鹅的故事》是沪教版教材三年级第一学期的课文。课文描写一群天鹅因为湖面结冰，找不到食物，后来在一只老天鹅的带领下，用身体撞开冰面，找到食物的故事。课文是在原文的基础上修改而成的，很适合三年级学生阅读。

课文中三次写到天鹅的叫声，我以此为契机，指导学生联系上下文想象天鹅每次叫声中表达了什么意思。想象练习是阅读教学中常见的，激发学生合理想象有各种方法，联系上下文想象是比较适合三年级学生的。在教授过程中，由扶到放，逐步推进，并与朗读、生字词语学习联结在一起。

课堂实录

一、直接导入，学习生字新词

师：今天我们要学习第 12 课，一起读题目——

（出示："12　天鹅的故事"，生齐读）

师：12，要读成第 12 课，再来读一次。（生再读课题）

（出示）

北风呼啸　腾空而起

胸脯

震颤

塌陷

窟窿

师：一起读，一个词语读两遍——（生齐读词语）

师：读词语的时候很有节奏感，语速也很适当，非常棒！同学们，我们已经是三年级了，生字词语主要靠自己学。这篇课文里的生字新词虽然多，但是很有规律。看看屏幕上的这些字词，有什么规律，你们能找到吗？

生：我发现"胸脯"两个字都是月字旁，表示身体，"胸"的旁边是……

师：是"匈"，匈牙利的"匈"。这两个字其实都是形声字。这位同学发现两个字的偏旁是一样的，用这个方法去记忆词语。

生：我还发现了"窟窿"两个字都是穴字头。

师：穴字头，"穴"的意思是什么，知道吗？

生：洞穴。

师：洞穴，小洞叫作"穴"，你也是通过记相同的偏旁来记住生字的。

生：我发现"北风呼啸"的"呼啸"也是两个口字旁，"呼啸"的"呼"去掉口字旁是一个胖乎乎的"乎"，"啸"去掉口字旁是严肃的"肃"。

师：这几位同学都发现了它们在字形上的规律，很好！还有没有从别的方面有所发现的？比如字义上，一旦发现了以后，也能便于我们记忆。

生：我发现了"震颤"这个词，"震"可以组成"震动"，"颤"可以组成"颤动"。

师：它们的意思很接近。

生：我发现"腾空而起"，"腾空"就是"而起"，"而起"就是"腾空"。

师："腾空"和"而起"不一样，没有"而起"这个词。

生：我发现"胸脯"两个字都是左右结构。

师：你是从写法上去理解它，记住它。我们写的时候要特别仔细，不能把这个"月"写得太宽。

生：我发现"窟窿"两个字都是上下结构。

师：你很聪明，别人说左右结构，你马上发现上下结构了。

生："塌陷"两个字，"塌"就是塌下去，"陷"就是陷下去了。

师：这个小朋友特别善于从词义上去理解，去记住生字。用相近或者是相同的两个字组成一个词语，词语的意思就是那两个字的意思。

师：一起再来读一读。

（生齐读词语两遍）

师：选择两个你认为自己最容易写错的词语。两个，一个写一遍，写在课题旁边空白的地方，明白了吗？开始——

（生写易错的词语，师巡视）

师：我们刚才通过发现构词的规律，记住、理解词语。在读课文的时候，其实也要学会找句子的规律，那样可以帮助我们更好地理解课文。

二、由句入文，分层品读天鹅

1. 读天鹅的叫声

（师依次出示，生齐读）

"克噜——克哩"

"克噜——克哩——克哩"

"克噜——克哩——克哩！"

师：读完了以后，你们对自己刚才的朗读有什么评价？

生：最后一个"克噜——克哩——克哩！"是欢呼……

师：你们读出来了吗？（生：没有）没有读出来。

生：最后一个是很震撼的欢呼声。

师：从刚才的朗读中，你已经听出了一种震撼的、欢呼的场景啦？（生摇头）没有啊！是的，我也没有听出来。

这样读，是读不出来的，必须把叫声放到句子里面，才能读出来。第一次叫声，在哪个句子里，画出来。句子要画完整哦。

（师巡视，查看每位同学画的句子，指出不完整的地方）

（师出示，生齐读）

一群天鹅落在湖面上，"克噜——克哩"地啼叫着，好像在讨论：冰封湖面，没有吃的，怎么办？

师：这次读好了。读这样的句子，一边读一边要想象的，因为"克噜——克哩"是天鹅说的话，我们都不知道它们到底在讲什么。但是为了读好，我们得想象。怎么想呢？联系上文去想。轻声读第一小节，自己读。

（生自由读第一节）

师：已经读好了，老师再教你们一个方法，如果要想象得好，还要注意一下这个小节里面的一些词语，比如说"一群"，比如说"讨论"。"一群"说明什么？

生："一群"说明有很多只天鹅。

师："讨论"说明什么？

生：说明它们在议论。

生：七嘴八舌地议论。

师：对呀，你真聪明啊！

生：围在一起说。

师：好多天鹅在一起，你一句，我一句，你一言，我一语。

生：它们在议论纷纷。

师：能不能读出这种感觉呢？

（生齐读）

师：课文把天鹅的叫声写得太简单了，就是两句，我们一点都听不出它们在讨论，一点都听不出这是一群天鹅（强调"一群"）。现在，我们联系上文来猜猜看它们到底在讨论什么。我来开个头，然后你们说下去。一只天鹅好像在说——

生：哎呀，没有吃的怎么办？而且这里又很冷。

师：对呀，真的联系了上文。一只天鹅好像在说——

生：这里好冷，湖面被冻住了，咱们得吃鱼，没有鱼吃什么？

师：想得多好！

生：刚刚还有鱼吃，现在寒潮突然降临了，这湖面又冻住了，没有吃的，怎么办呀?

师:现在老师要提高要求了,一群天鹅就意味着这一群里面可能有小天鹅,可能有大天鹅,可能有老天鹅。那你想,你的想法和爷爷奶奶肯定不一样,你爸爸妈妈和爷爷奶奶面对一件事情,作出的判断和想法肯定有一些不同。请选一个年龄阶段的天鹅,说出它们可能会说的话。

生:一只老天鹅说:"我年龄那么大了,没有吃的,早晚会被饿死的。"

师:是啊,这是一只悲观的老天鹅。

生:有一只成年的天鹅说:"现在很冷,寒潮降临,冰封湖面,没有鱼吃,我还这么年轻,不想死。"(师生笑)

师:这是一只尽管有点绝望但还是想要挣扎一番的大天鹅。

生:有一只小天鹅说:"我每天都要吃三条鱼的,现在,没有鱼吃,我该怎么办呢?会活活饿死的。"

师:是啊,小天鹅到底没有经验,它非常害怕呀!

生:有一只年长(cháng)的天鹅……

师:不叫年长(cháng),年长(zhǎng)。

生:有一只年长(zhǎng)的老天鹅说:"没有吃的,我们一群天鹅饥寒交迫,早晚会死的。"

师:它想到的不是自己,想到的是整个天鹅群,为什么?因为你是一只老天鹅。好有责任心,好有团队意识哦。

师:有一只老天鹅听到大家这样的议论,就采取行动了。我们再一次朗读这一节,把"克噜——克哩"那么简单的两个词语想象成天鹅们正在激烈地讨论。

(生齐读)

2. 读老天鹅破冰

师:这是一种担忧的叫声。(板书:担忧)还好,它们群体里面有一只老天鹅,这只老天鹅很有经验,听了大伙的讨论之后,决定采取措施。一起读第三小节——

突然,一只老天鹅腾空而起。它并没有飞走,而是利用下落的冲力,像石头似的,用自己的胸脯和翅膀重重地扑打冰面。镜子般的冰面被震得颤动起来。接着是第二次,第三次……

师：血肉之躯扑打冰面，老天鹅一定感觉到非常的危险，非常的疼痛。可是，它在坚持，读出你们的坚持。第三小节，再读——（生再次齐读）

师："第二次，第三次"后面有省略号，省略了——很多次。第四、第五、第十，可能还有第二十次……可是，这毕竟是一只老天鹅，它的体力消耗得很快。慢慢地，它力气越来越小了。慢慢地，它已经没有办法像石头一样砸在冰面上了。同学们，读出那种省略号里面的未尽之意，没有写出来的意思。老天鹅慢慢地有点累了，再读——（生第三次齐读）

师：越读越好了。在读前面扑打冰面的时候，老师真的听到了坚决。在读到最后，"第二次，第三次"的时候，老师听到了老天鹅有点体力不支了。其他的天鹅也看到了，它们会想什么呢？

生：我们帮帮老天鹅吧。

生：老天鹅已经很累了，力气已经快没了，我们帮帮它吧。

师：有没有不一样的想法呢？结合后文。

生：我是一只还没有成年的小天鹅……

师：所以，你看到老天鹅这么做，你明白吗？（生点头）你还没成年，你就明白了，真是一只天才小天鹅。继续说——

生：毕竟它是一只老天鹅，如果我们能帮到它，应该为它加一臂之力。

师：助一臂之力。这是一只善解人意的、早慧的小天鹅。

生：我会这样说："您已经很老了，您休息一下吧，我们帮您破冰吧。"

生：它们想，冰面如果再不破开，我们就真的吃不到鱼了。

师：还有不同的吗？

生：老天鹅为什么要这样做？

师：咦，她的想象真的不一样。因为这是一只小天鹅，它不懂老天鹅为什么这样做。你好厉害！掌声送给她。

3.读群天鹅破冰

师：所有的天鹅都来帮忙了，成年天鹅不停地扑打冰面，于是，我们只听到"嘎吱"一声响，冰面裂了一条缝。慢慢地，裂缝越来越大，冰面终于塌陷了，读——（出示）

冰面终于塌陷了，出现了一个小的冰窟窿。有几只天鹅来帮忙了，很快，整群天鹅，大约百来只，都投入了破冰工作。

师：要读好句子，关键要发现那些不一样的词语。这红颜色的字里面有什么奥秘吗？特别是从字数和内容上来看。发现了吗？

生：我是从内容上发现的。

师：不，要把字数和内容放在一起看，你就能发现了。

生：它是慢慢地，慢慢地，然后越来越多，越来越多……

师：什么东西越来越多？

生：天鹅。

师：原来从字数上，我们可以得到一种暗示，天鹅越来越多。那么，我们就要把它读出来，天鹅少的时候读得轻快一点，天鹅多的时候，稍微读得慢一点，重一点。（生齐读）

师：冰面塌陷了，大家一起来帮忙了，我们一起再和天鹅一起叫吧——（出示）

它们干得那样齐心，那样欢快！湖面上传来阵阵"克噜——克哩——克哩"的叫声，就像那激动人心的劳动号子："兄弟们哪，加油！齐心干哪，加油！"

师：同学们，劳动号子我们现在很少能够听到了。劳动号子是一些从事重体力活的人在搬重物的时候，为了一起用力，呼喊的口号。它们很有节奏，每一个节奏点上大家正好一起用力。有一次，老师要搬办公室。老师的办公室里有很多书，我找了很多工人，他们把书从一幢楼的五楼搬到另外一幢楼的五楼。书太重啦，于是他们就喊劳动号子。老师把它录下来了，和大家分享一下。

（师播放劳动号子，生感到很新奇）

师：有的同学说，怎么像在唱歌？是呀，那么重的体力活，一定要像唱歌似的才能够减轻自己的压力。天鹅也是这样，一起读——（生再齐读）

师：在这里，我已经听出来你们的读法不一样了。你们觉得，这个叫声用一个词语来形容的话，可以用一个什么词语？

生：激昂。

师：太好了。

生：高亢激昂。

师：我们就写"激昂"吧。（板书：激昂）

师：冰终于破了，天鹅们终于有东西吃啦，一起读——（出示）

所有的天鹅同时结束了工作，它们昂着头，挺着胸，在水里游动着，捕食着鱼虾，不时发出胜利的欢呼声："克噜——克哩——克哩！"

师：这是什么叫声呢？

生：欢呼声。

生：高兴的叫声。

生：胜利的欢呼声。

师：胜利的叫声。这个词说得真好！（板书：胜利）它们在说些什么呢？记住哦，这是欢呼哦，欢呼一下。

生：有东西吃啦，终于有东西吃啦！

师：真的是欢呼。

生：我们有东西吃了，我们成功了！

生：太好啦，现在有鱼虾吃了，不会饿死了。

师：你联系上下文了，真好啊。

生：太好啦，有吃的了，大家辛苦啦！

师：他是一只懂得感恩的胖天鹅，但是欢呼得不够，感恩的时候应该更加激动一点，再欢呼一遍。（生欢呼）

师：把"太好啦"重复两次。

生：太好啦，太好啦，有鱼吃了，大家辛苦了！

师：你们说得太好了！同学们，现在我们再来读读这三次叫声，担忧的叫声。冰封湖面，没有吃的，读——

生：克噜——克哩。

师：后来，老天鹅想到了一个办法，用自己的血肉之躯去撞击冰面，撞开了裂缝，于是，大家一起在那里干——

生：克噜——克哩——克哩。

师：到了最后，大家撞破了冰面，又能找到食物了，心里都非常开心——

生：克噜——克哩——克哩！

师：同学们念得好啊！《天鹅的故事》就讲到这里，下课！

《女娲补天》课堂实录

设计说明

　　《女娲补天》是人教版教材三年级第二学期的课文，是一篇神话故事。神话故事是古代先民口耳相传留下来的宝贵的精神财富。神话故事中蕴涵着先民抵御灾害、顽强奋斗的精神。由口耳相传，我想到了复述。三年级的复述要求是详细复述，正好可以用这篇课文操练。于是我将该课教学分成两个部分。第一部分，学习生词新词，教学段落，让学生初步感知先概括后具体的写法。第二部分，先出示小标题，再以此训练复述。另外还穿插了两次说段练习，以言语实践活动巩固对段落形式的认知。

课堂实录

第一板块：段落练习，理解叠词

师：一起读一读课题。

生：第 31 课《女娲补天》。

（PPT 出示）

塌（tā）下

挣（zhēng）扎

熄（xī）灭

冶炼（yě liàn）

（全班读词语）

师：什么叫"冶炼"？

生："冶炼"就是金属熔化炼成钢铁。

师：说得好。黑板上的四个词语，你能从字义、词义、字形、读音各方面给我们作一个提醒吗？比如，哪些字容易读错，哪些字容易写错，你自己注意到了，然后说给我们全班同学听，我们在写的时候就不会再写错了。

生：冶炼的"冶"不要写成三点水的"治"，它是两点水。

师：知道两点水的字有哪些吗？

（同学们纷纷举手发言）

生：冰冻的"冻"。

生：冰冻的"冰"。

生：冷冻的"冷"。

生：着凉的"凉"。

师：绝大多数两点水的字，都有一个规律。你说说看？

生：绝大多数两点水的字都跟"冷"有关。

师：是啊，都跟冷有关。可是"冶"是用火去烧，应该是很热呀。怎么会这么奇怪呢？老师告诉大家，"冶"这个字最早是表示冰融化的样子。所以，它也和冷有关，是两点水。只不过后来意思发生了变化，我们把金属熔化，像冰一样融化的这种状态，也用"冶"来形容它。所以现在这个字和很热、很烫有关。

生：冶炼的"炼"右边不要写成"东"了，应该是横折钩，不要写成竖钩了。

师：这个提醒很重要。

生：我发现挣扎的"挣"是后鼻音，而且大多数和"争"组成的字都是后鼻音。

师：不是大多数，是所有。凡是和"争"组合成的字都是后鼻音，因为"争"是后鼻音，用这个方法来记前后鼻音非常好。这个小姑娘真聪明，她已经学会了找规律。

生：冶炼的"炼"我总是写成练习的"练"。

师：现在你怎么把它记住呢？

生：因为冶炼是用火烧的，所以是火字旁。

师：以后你还会写错吗？

生：不会了。

师：一个词语读两遍，预备起。（全班读词语）

师：拿出笔，就在课题旁边，把"冶炼"这个词语写一遍。（全班写，师巡视）

师：有一天，突然之间，天塌下来了，破了一个大洞，一个大大的窟窿呈现在世人面前。哎呀，这该是怎样可怕的景象！找找看，文章里有几句话说到了当时可怕的样子，找到后就用曲线画下来。（全班圈画）

生：我找的是："远远的天空塌下一大块，露出一个黑黑的大窟窿，地被震裂了，出现一道道深沟。山冈上燃烧着熊熊大火，田野里到处是洪水。许多人被火围困在山顶上，许多人在水里挣扎。"

师：画得很对，读得也不错。老师把它打在屏幕上，我们一起读一下，看着屏幕，预备起。

（全班读）

远远的天空塌下一大块，露出一个黑黑的大窟窿，地被震裂了，出现了一道道深沟。山冈上燃烧着熊熊大火，田野里到处是洪水。许多人被火围困在山顶上，许多人在水里挣扎。

师：我觉得同学们读得很通顺，可是还没有读出当时可怕的情景，谁能够给我们示范一下？

（一生再读）

师：我听到了熊熊大火的"熊熊"读得很重，我还听到她把"一道道深沟"读得很重，你们听出来了吗？你能不能告诉我们，为什么要这样读呢？为什么要把这两个词语读得重呢？

生：因为熊熊大火，显得很猛烈。

师：所以你要读得重一点。类似这样的词在这段话里还有不少。

生：远远的天空塌下一大块，露出一个"黑黑"的大窟窿。

师：你找到了"黑黑"，两个相同的字叠加在一起组成一个词语，这样的词语叫作叠词。（板书：叠词）用叠词不用叠词区别可大了，我们一起读读看。

（PPT 出示，全班读）

远远的天空塌下一大块，露出一个黑黑的大窟窿，地被震裂了，出现了一道道深沟。山冈上燃烧着熊熊大火，田野里到处是洪水。许多人被火围困在山顶上，许多人在水里挣扎。

师：如果我去掉叠词，你再读读看。

（PPT 出示，全班读）

远远的天空塌下一大块，露出一个黑的大窟窿，地被震裂了，出现了一道深沟。山冈上燃烧着大火，田野里到处是洪水。许多人被火围困在山顶上，许多人在水里挣扎。

师：你觉得用叠词和不用叠词的区别在哪里，能读出这样的区别吗？

生：我觉得如果使用叠词的话就能让我想象出这些场景，如果不用的话只能想象出那种平凡的山沟和大火。

师：普通的山沟，普通的大火，程度没有那样深，印象没有那样深。

生：我觉得用叠词可以想象出那些场景十分可怕。

师：他把那种可怕的感觉说出来了。

生：我觉得用叠词能把这句话描写得更生动。

师：除了更生动之外，用叠词和不用叠词也会对这个句子的意思造成影响。

生：我发现了原来是"一道道深沟"，"一道道"表示很多条。但是"一道"就只有一条。

师：对呀，意思发生变化了。

生：它本来是"黑黑的"大窟窿，现在变成"黑的"就没有那么黑。

师：程度浅了。

生：山冈上燃烧着大火，就感觉是普通的火灾，不会感觉那么大。

师：叠词这样好，还是改回去吧。一起读。

（PPT 出示，全班读）

远远的天空塌下一大块，露出一个黑黑的大窟窿，地被震裂了，出现了一道道深沟。山冈上燃烧着熊熊大火，田野里到处是洪水。许多人被火围困在山顶上，许多人在水里挣扎。

师：用哪两个字来形容这样的景象？

生：我觉得是"可怕"。

师：不仅可怕。前面还要加上两个字，再一次加深语气，来，一起读。

生：（齐）天哪，太可怕了。

（PPT 出示）

天哪，太可怕了！远远的天空塌下一大块，露出一个黑黑的大窟窿。地被震裂了，出现了一道道深沟。山冈上燃烧着熊熊大火，田野里到处是洪水。许多人被火围困在山顶上，许多人在水里挣扎。

师：一个"可怕"还不足以说明到底可怕到什么程度，先写一个可怕，再具体告诉我们可怕的情景。这样我们读了以后就好像身临其境，就好像眼前真的产生了这样的画面。

女娲看到了这一切，她心急啊，她心焦啊。"天哪，太可怕了"就是她说的。现在你们把自己当作女娲一起来读一读这个句子，预备起。

（PPT 出示，全班读）

她急忙起床，跑到外面一看，天哪，太可怕了！

师：听着这样的语气，你能猜想出当时女娲在想些什么吗。

生：她在想怎么救这些人类。

生：她还想怎样才能把黑黑的窟窿补好呢。

师：情况真是太严重了，书本上写出来的还只是其中的一小部分，可能还会有别的状况，别的糟糕的样子。同学们，老师给了大家几个小提示（PPT 出示：大火，洪水，人们，动物，植物），能不能用上这些提示，把"可怕"说具体？

生：天哪，太可怕了，动物被大火烧得全身焦黑，人们在洪水中不停地喊叫，植物也跟动物们一样，被烧成灰烬。

师：你如果分开说动物怎么样，人们怎么样，大树小草们怎么样，就更清楚了。

生：天哪，太可怕了，熊熊的大火追赶着尖叫的人们，植物全被烧得焦黄，动物都在拼命奔跑着，有的都跳到河里去了。

师：是啊，陆地上都有大火了嘛，当然要跳到河里去避难了。

生：天哪，太可怕了，洪水泛滥，植物们连根拔起……

师：植物被连根拔起。

生：植物被连根拔起，动物们在山冈上跑来跑去……

师：不说"跑来跑去"，这样太悠闲了，说，四处逃散。

生：动物们四处逃散，人们也被大火烧得焦头烂额。

师：在这里焦头烂额用得不太好，直截了当说，人们被大火全烧死了。

第二板块：归纳小标题，练习详细复述

师：既然如此可怕，女娲再不行动，要来不及了，她心焦，她心急。可是，不能鲁莽，因为要灭火，要补上这个窟窿，要经过好几个步骤。首先要灭火，火灭了，没有解决问题，还要做什么呢？

生：还要造船，救出在洪水里挣扎的人们。

师：还要做什么？

生：要补上天塌下来的那个洞。

师：补上窟窿很复杂，第一步要做什么？

生：第一步要寻找补天用的五彩石。

（板书：找五彩石）

师：第二步呢？

生：第二步是把五彩石化成很稠的液体。

师：第二步是冶炼。冶炼多长时间呢？

生：（齐）五天。

（板书：冶炼五天）

师：第三步呢？

生：把五彩石化成很稠的液体装到盆子里。

（板书：装入盆子）

师：现在老师有个要求，刚才三个板书都是老师写的，你能不能也写出四个字的小标题？

生：倒到天上的大窟窿。

师：倒是这样，她要补天得这样。（师做动作）

生：洒向大窟窿。

生：是泼向天上的大窟窿。

师：如果改成四个字怎么说呢？你说。

生：往上一泼。

生：泼向窟窿。

师：你说得更好了。就采纳你的。

（板书：泼向窟窿）

师：中间还缺少一个小标题，也要四个字哦。大家来说，老师不再指导了。

（生争先恐后发言）

生：对准窟窿。

师：窟窿后面用到了，最好换个词。

生：端到天边。

师：说得好。

（板书：端到天边）

师：同学们，你们能不能看着这些小标题，给大家讲一讲女娲补天的过程？自己准备一下。

（全班学生自己准备）

生：女娲是这样补天的，首先她找到五彩石，然后用神火冶炼了五天五夜。女娲把它装到一个大盆子里，端到天边，泼向窟窿。瞬间天被补好了。

师：整个过程讲得很清楚，可是作为一个听众，听你讲完这个故事啊，我有点不满足。因为我觉得稍微简单了一点。有没有同学能够加一点细节？可以加上自己的话，也可以加上文章里的话。如果你能够再加一点自己的感受那就最好了。

生：首先，女娲到山上把五彩石找齐了，然后又挖了一个圆坑，把五彩石放在圆坑里。经过五天的冶炼，五彩石变成很稠的液体，女娲把很稠的液体装到了大盆子里，端到天边，向大窟窿一泼，只见金光四射，天一下子就被补好了。

师：掌声送给她，加上了文章里的细节，让我们听得更明白了，更生动了。不过老师还有点不满意，如果讲得更加流畅一点，不要有停顿，那就更好了。

生：天塌下了一大块，女娲想帮人类把天补起来。于是，她先到山上找五彩石，好不容易找齐了，她把五彩石放进了一个圆坑里，冶炼了五天五夜，五彩石终于化成了很稠的液体。于是女娲把它们装进一个大盆子里，快速端到天边，泼向了大窟窿，瞬间金光四射，大窟窿被补好了。

师：更加流畅了，掌声送给她。而且她还加了一点起因，这样别人就知道女娲为什么要去补窟窿。还有谁愿意试试看，能说出更多的细节，说得更加流畅，说得更加投入，让我们听着听着，眼前仿佛展现出这样的情景？

生：女娲为了补好大窟窿，冒着生命危险去山上找五彩石。她好不容易找到了五个颜色的五彩石，她挖了一个圆坑，然后把五彩石放在里面，冶炼了五天五夜，最后五彩石变成了很稠的液体。然后女娲拿来一个大盆子，把五彩石放到了盆子里面……

师：把五彩石放到了盆子里吗？

生：把很稠的液体放到盆子里面，她急忙把盆子端到天边，泼向窟窿，只见金光四射，大窟窿立刻被补好了。我觉得女娲真伟大。

师：你真的加上了自己的感受，这是你的优点。不过，我想问问，你发现自己的不足了吗？

生：我觉得说得磕磕巴巴。

师：不太连贯。继续努力。

生：女娲决定冒着生命危险去把天补好。于是她跑到山上去寻找补天用的五彩石。她忙了几天几夜，终于找齐了五彩石。她在地上挖了一个圆坑，然后把五彩石放在里面，用神火进行冶炼，炼了五天五夜，五彩石变成了很稠的液体。女娲把它装在一个盆子里，端到天边，泼向大窟窿，只见金光四射，大窟窿立刻就被补好了。我觉得女娲冒着生命危险把天补上，说明她很爱她创造的人类。

师：非常流畅，非常清晰，而且又有自己的想法，如果要改进的话，那就是下次不看讲义就更好了。人站直，眼睛看前面，落落大方地讲。

第三板块：句式练习，巩固新知

师：天终于补好了，你能不能像刚才那样，把这句话说完整呢？

（PPT 出示：天终于补好了，_____ ）

生：天终于补好了，女娲和人们过着幸福快乐的生活，小动物们又有了新家，植物们又开始了新的生活，森林里洋溢着快乐的气氛。

师：很好，分成几个方面说具体了。掌声送给她。

生：天终于补好了，女娲和人们在大地上快乐地生活着，动物们也有了新家，植物们也有了新的生活，大地上洋溢着生机，一切又恢复到了原来的样子。

生：天终于补好了，人们围着女娲跳起舞来。小动物们重新安了家，大树长出了新的枝叶，又茂密又粗壮，大地上又露出了生机，到处绿树成荫，百花齐放。

师：掌声送给她。就这样，我们把"补好"说具体了，把天补好以后的情景表达清楚了。故事讲完了。下课，同学们再见。

《雾凇》课堂实录

《雾凇》是苏教版教材四年级第一学期的课文。课文共三个自然段，第一自然段总体介绍雾凇，第二自然段介绍雾凇的形成，第三自然段抒发作者对雾凇的赞美之情。第二自然段从两个角度描写雾凇的形成情况，一是用准确的数据说明，二是用优美的词句来描写。为此，我将这节课的主要教学过程设计为，先利用数据来指导学生进行简单复述，再通过巩固提炼关键词引导学生积累描写雾凇形成过程的优美语句。虽然上课的班级学习基础不是最好的，但一节课下来，学生的进步很明显。这节课很真实地证明，只要耐心地教，学生总能在原有基础上进步的。

课堂实录

课前，了解到学生还没有预习课文，师揭题——《雾凇》，指导预习：第一，把课文轻声读一遍；第二，把自己没有读通的地方再读一次；第三，依然不懂的，可以在旁边打一个小问号。学生按要求预习，教师巡视。用时5分钟。

一、反馈预习，交流"不懂的问题"

师：交流一下，你在预习中有哪些地方不懂？

生：气温下降到零下三十度左右时，这雾气便随风飘荡，涌向两岸，笼罩着十里长堤，树木被雾气淹没（méi）了。这是什么意思？

师：首先要纠正一个读音，叫淹没（mò）了。那么，你真正想问的是，树木、树林怎么就被雾气淹没了，是不是这个意思？（生点头）这句话不懂，好。

生：最后，十里长堤上全都是银松雪柳了。"银松雪柳"是什么意思？

师：一个词语不理解。

生：松花江畔的十里长堤上，洁白晶莹的霜花缀（shuāng）满了枝头，"缀（shuāng）满"是什么意思？

师：那个字念什么呀，后面有没有读音？（生：zhuì）缀（zhuì）满，对了。谁知道什么叫"缀满"？

生：缀满的意思是雪在树枝上挂满了。

师：在这里，其实并不是指雪，是指雾凇挂满了树枝。"缀"就是连接，一片一片，一堆一堆地连接在一起，满满的，这就叫"缀满"。

生：清早，寒风吹拂，雾气缭绕。"雾气缭绕"是什么意思？

师：有谁能够解释吗？或者来猜猜看，什么叫作"雾气缭绕"。

生："雾气缭绕"的意思就是大地上到处都是雾气，所有地方都被雾气给罩住了。

师：是啊，到处都是雾气，所以就叫"雾气缭绕"。而你刚才说的，被雾气淹没，也是这个意思，明白了吗？（面向第一个发言的女生说）

师：同学们都是针对词语意思提问。其实，针对不理解的词语提问，那是最低层次的提问。为什么？你只要有一本《新华词典》，就可以自己解决这些问题。几分钟就能搞定的事情，这不算是好问题。什么样的问题才是好问题呢？那就是针对课文的内容，针对课文的写法，提出自己的疑问，那才是真正的好问题。

二、解读"雾凇"，朗读字词句

师：老师也给大家准备了一个词语（出示：露结为霜），一起读——

（生齐读）

师：在读一个词语的时候，语速要快一点，再读一次。（生再读）

师：对，要这么读，干脆利落。看着它的词面，你能不能猜出它的意思？

生：我觉得它的意思是露水因为寒冷，结成了冰霜。

师：特别是秋天、冬天，露水挂在树叶上，挂在草丛上，气温下降，就结成了小冰霜，叫"露结为霜"。这个词选自《千字文》。刚才，第一个小朋友就关注到了"被雾气淹没"。在课文里面，这个"雾"结成了什么呢？（出示"雾"字）你能不能仿照上面的构词方法来说一说？

生：雾结成冰和霜。

师：我说的是仿照这样的构词方式（露结为霜）来说一说雾结成什么。能够说吗？（生迟疑）其实还没有完全听懂，不要紧，我请另一个同学来说说看，仿照这样构词的方法，中间也加上"结为"，雾结为——

生：雾结为凇。

师：一起读。

（出示：雾结为凇，生齐读）

师：空气当中的雾气遇到了冷空气，然后结成了小冰晶，不过这个小冰晶是挂在树枝上，所以它就叫作"雾凇"。好，看老师写"雾凇"两个字。（师板书课题，提醒字形）"雨"字头，下面一个"务"。"凇"字啊，特别容易写错，想一下，它是什么偏旁啊？（生：两点水）千万不要写错。还有哪些字是两点水的呀？

生：冰。

生：凉爽的"凉"。

生：冻。

生：冷。

师：这些字大多数都是和气温低有关系，不要写错。这个"凇"字，是一颗一颗的小冰晶，它和冰一样，也是两点水旁。

师：预习过以后，词语、短句会不会念？

（出示，生齐读）

弥漫着阵阵雾气

雾气随风飘荡

被雾气淹没

蒸腾的雾气

师：有个别词还没有读准，所以没有读整齐。在朗读的时候还要注意停顿，"弥漫着 / 阵阵雾气""雾气 / 随风飘荡"（师示范读），听懂了吗？重新再来读一次——（生再齐读）

三、品读"雾凇"，由扶到放

1. 读奇观

师：雾凇到底是怎样的一种情景呢？课文的第几自然段中写到了？

生：第二自然段。

师：有不同意见吗？

生：第三自然段。

师：还有不同意见吗？

生：第一自然段。

师：你的意见为什么和他们的不一样呢？

生：因为我觉得第一自然段的第一句很像写雾凇的句子。

师：你读出来。

生：三九严寒，大地冰封。

师：这里写到雾凇了吗？（生：没有）这里写的是当时的情景。

生：松花江畔的十里长堤上，洁白晶莹的霜花缀满了枝头。在阳光照耀下，银光闪烁，美丽动人。

师：你看，这里是描写雾凇的。作者不仅这样描写雾凇，还告诉我们，雾凇是一种——

生：奇观。（师板书：奇观）

师：雾凇是一种奇观，我们一起来读读看，这种奇观是什么样子。一起读。

（出示）

三九严寒，大地冰封。松花江畔的十里长堤上，洁白晶莹的霜花缀满了枝头，在阳光照耀下，银光闪烁，美丽动人。这就是闻名全国的吉林雾凇奇观。

（生齐读）

师：吉林雾凇很有特点，它离不开一条江，这条江就是松花江。如果没有这条江，雾凇奇观是不能形成的。雾凇还有一个特点，就是刚才那位同学讲到的，它会缀满枝头。只挂一点点还形不成奇观，它是缀满枝头。所以，江畔、缀满这两个词，在这一个小节里分外重要。来，就在课题旁边的空白处把这两个词写一遍，要写得又快又好。（提醒：左右结构、布局）

2. 学用关键词，练说形成过程

师：关于雾凇，老师找到了一张图片。（出示图）

（师讲解图：丰满水库　松花江　吉林市　雾凇奇观）

师：课文里还有一句话，直接告诉我们雾凇是什么，谁能把这个句子找出来，读给我们听一听？

生：雾凇，俗称树挂，是在严寒季节里，空气中过于饱和的水汽遇冷凝结而成的。（读得不太流利）

师：这句话既告诉我们雾凇是什么，也告诉我们雾凇是怎么形成的。

（出示第二自然段）

师：老师把课文打在屏幕上，哇，密密麻麻，好多字。我发现第二自然段第一句话，已经把雾凇形成的原因说清楚了。既然说清楚了，后面还有必要写吗？没必要了。我就把课文改成这样了，你说行不行？（出示）

雾凇，俗称树挂，是在严寒季节里，空气中过于饱和的水汽遇冷凝结而成。

生：不行，因为这样写太少了，而且还没有让同学们更了解雾凇。

生：我觉得这样写不行，因为没有把雾凇怎样形成的写清楚。

师：写是写出来了，可是没有写清楚。如果我们没看到过雾凇，单单看这样一句话，还是不明白。

生：我觉得不行。一般写作文第二段是最多的，而这里第二段是最少的，第二段应该详写，只有一句话概括，不行。

师：看样子，从写文章的角度来看，也是不合适的。

生：因为没有写出雾凇形成的过程。

师：虽然它告诉我们雾凇是怎么形成的，但是整个过程我们并不了解。所以，先概括是不够的，后面必须有具体才行。这样，别人读文章才能够明白，才能够获得阅读的乐趣。通过阅读，我们不仅要知道是什么，还要知道具体的情况是什么样子。请同学们轻声地再读第二自然段，感受一下。

（生自由读）

师：读书有很多方法。今天，教给大家一个窍门，叫作"找关键词"。找到关键词以后，可以帮助我们更加有效地理解阅读的内容。关键词，老师找到了一个。（板书：12）和它类似的词在第二自然段里面还有一些，你能不能依次找出来？

生：第二个词是"2"。

生：第三个是"4"。

生：第四个是"30"。

（师依次板书）

师：已经有四个了。谁能够结合课文的内容把两个数字连在一起变成一句话？

生：从当年12月至第二年2月间。

师：话没有头，没有尾，能不能说得更加清楚一点？

生：从当年12月至第二年2月间，松花江上游丰满水库里的水从发电站排出时，水温在4摄氏度左右。

师：你一下子把这三个数字都连在一起了。谁能够不看书，流畅地就像自己说话那样说出来？不一定和书上说得一模一样，用自己的话说就可以了。

生：从当年12月到第二年的2月间……江水从发电站里流出来了……（生表达不畅）

师：不要去背，根据自己的理解去记。

生：从当年12月至第二年2月间，水库里的水从水库跑出来，到了树上，形成了雾凇奇观。

师：当你说"水库里的水从水库跑出来"的时候，我就知道，奇迹将发生。而且，水还奇迹般地跑到树上去了。其实并不是水跑到树上去了，水跑到树上

去，那就是发大水了。前半段说得蛮流畅，后半段没有说好，不要紧，再说一次。（全场笑）

生：从当年12月至第二年的2月，水库里的水从发电站排了出来。

师：说的话意思一样，但是用自己的理解来说的，很好。

生：每年12月到第二年的2月间，水库里的水流到了江边，水汽飘到树上，形成了霜。

师：形成了雾凇。你把后面的内容全都说掉了。水库里的水流到市区了，不是随随便便就能够变成雾凇的，是有条件的，最重要的条件就是后两个数字。既然大家都迫不及待地说形成了雾凇，那你能不能用上这四个数字一起说？

生：第一年的12月到第二年的2月，水库里的水流淌出来，在4摄氏度左右。每当夜晚时，就变成了零下30摄氏度。（师：每当夜晚，气温变成了零下30摄氏度。生纠正。）这时，就出现了雾凇。

生：每当12月至第二年2月的时候，水便从发电站里排出来。那时，水温就变成4摄氏度左右。每当夜幕降临，气温下降到零下30摄氏度左右，这就形成了雾凇奇观。

师：基本上把四个数字连起来说了，很不容易。尽管中间还有一些小小的疏漏，没关系，老师把刚才同学们念出的词组打出来了。（出示词组）你如果能够用上其中的一个两个，你就能把这些数字串连起来说得更加清楚。

生：每年的12月份到第二年的2月份，松花江上游的水便从发电站排了出来，水温达到了4摄氏度。每当夜晚降临时，气温已达到零下30摄氏度左右。这时，树被雾气淹没了，就形成了雾凇奇观。

师：太棒了！你看，她就选了一个短语，再加上四个数字，一口气就把雾凇形成的原因全说清楚了。

生：每年的12月份至第二年的2月份，水便从发电站排出，水温在4摄氏度左右。水流到了吉林市。（师提醒）夜幕降临，气温便达到零下30摄氏度左右，空中弥漫着阵阵雾气，随风飘荡，最后形成了雾凇。

师：你和她打了一个平手，因为老师帮助了你。谁完全不需要老师帮助？

生：每当12月至第二年的2月时，松花江上游丰满水库里的水从发电站排了出来，水温在4摄氏度左右。每当夜幕降临时，气温下降到零下30摄氏度左右，空中弥漫着阵阵雾气，这便形成了雾凇。

师：你看，说得越来越出色了，老师只提醒了一个地方。原来，雾凇就是这样一点一点形成的。

3. 找"我的关键词"，读记变化之美

师：不过，在第二自然段里，还有这样的句子，你们会念吗？准备好，一起来读。（出示）

渐渐地，灯光、树影模糊了。这蒸腾的雾气，慢慢地，轻轻地，一层又一层地给松针、柳枝镀上了白银。最初像银线，逐渐变成银条，最后十里长堤上全都是银松雪柳了。

师：刚才老师是找相同或者相近的关键词，全都是数字。同学们，在这段话里面，能不能用上老师的方法，找一找关键词？

生：我找到了"渐渐地""慢慢地""轻轻地"。

师：你能不能说说看，为什么你觉得这三个词是你的关键词呢？

生：因为我觉得它们都是同类，都是"××地"。

师：它们的构词方法是一样的，而且它们的意思接近。

生："最初"和"最后"是我的关键词。因为我觉得它们都是表示时间的。

师：对呀，多聪明啊！老师再给你补充一个，"最初""最后"中间有一个什么？（生：逐渐）对，这也是表示时间的。从时间的角度找关键词，很好。

生：银线、银条、银柳和银松雪柳。

师：哦，为什么是这样呢？

生：因为它们都是写雾凇的样子的。

师：是啊，你说得多好！

生：一层、十里。

师：你是从数字的角度找的。我告诉大家，老师也找到了，不过，老师比你们聪明一点，看老师找到的是什么。（"像""变成""全都是"标红）你们猜猜看，为什么老师把这些作为我的关键词？

生：都是比喻。

生：写的是雾凇变化的过程。

师：所以，老师记住了"像""变成""全都是"以后，就特别容易把这句话背出来。好，同学们，根据你们自己刚才找的关键词，看着书，能不能试试

背一下第二自然段当中"渐渐地……"这一部分？（生自由背诵）

师：好，就准备到这里了，只要能背出其中一句两句就很好了。

生：渐渐地，灯光、树影模糊了。这蒸腾的雾气，慢慢地，轻轻地，一层又一层地给松针、柳枝……（师提醒）镀上了白银。

师：很厉害了！掌声送给他。（生鼓掌）我们一起来试试。（出示部分关键词）只有这些关键词了，别的没有了，实在背不出，可以偷偷地看一下书。（生齐背）

师：你看，虽然不太整齐，但是基本能够背出来了，掌声送给自己！（鼓掌）同学们，第二自然段里，先写到了雾凇形成的过程，后来又写到了形成的过程。两次写到雾凇形成的过程，但是写法是不一样的，所以老师用红色和黑色区分开来，你喜欢哪一种？说明理由。当然，你也可以两种都喜欢，也可以两种都不喜欢。

生：我喜欢红色的，因为关键词很多，容易记忆。

生：我喜欢红色的，因为它有顺序。

生：我喜欢红色的，因为红色的有一些比喻词。

生：我喜欢黑色的，因为它写出了雾凇形成的过程和它的样子。

师：你表达得很清楚。

生：我两种都喜欢，因为两处都写得很详细。

师：先用数字说明情况，再用描写让我们感受到雾凇奇观的美丽动人。难怪这个男生说两种都喜欢。其实，学到这里，我们就知道了，课文的第三自然段不再是写雾凇了，而是写什么呢？

生：人们的感受。

师：对呀，雾凇已经介绍得那么清楚了，应该说一说自己的感受了。

下课！

《第一个发明麻醉剂的人》课堂实录

　　《第一个发明麻醉剂的人》是沪教版教材四年级第二学期的课文。课文写到华佗给一个小孩做手术，小孩疼得死去活来。给一个醉汉做手术，结果手术十分顺利地完成，病人也没有感觉到痛苦。由此，华佗得到启发，发明了麻醉剂。

　　这节课，我主要引导学生通过关键词理解课文。为了让学生掌握利用关键词自主理解课文，我设计了重读关键词梳理课文，抓住关键词联系上下文理解人物情感，自找关键词自悟文本内容等环节，由扶到放地让学生从不会到会。

课堂实录

第一板块：重读关键词梳理课文

　　师：今天我们学习一篇新课文，大家事先都预习过了，请读屏幕上的词语。（生齐读词语）

　　师：读得慢一点，把第三声读到位，后鼻音、前鼻音读清楚。（生再读）

　　师：读得不错，老师也来读，老师读的是课题。不过，在老师读的时候大家要仔细听，听一听老师强调的哪个词。第一个（重音）发明麻醉剂的人，我强调的是哪个词?

生:第一个。

师:第一个发明麻醉剂的人比第二个发明麻醉剂的人早多少年?知道的举手。真棒,说明同学们真的预习得很到位。再听。

师:第一个发明(重音)麻醉剂的人,强调了哪个词?

生:发明。

师:知道"发明"与"发现"的区别吗?

生:发明制作出来一种东西,发现是原来就有一种物体,那种物体不是他制作出来的。

师:在这里不用制作,用创造会更好些。这个同学虽然讲得不是很清楚,但他说话的方式很好。老师问发明和发现的区别,他先说发明是什么,然后再说发现是什么,这样别人听了,就明白了。再请一个同学说说看。

生:发明就是创造出来的东西,发现是本来就有的东西,他去找出来。

师:再听,第一个发明麻醉剂(重音)的人,我强调了什么?

生:麻醉剂。

师:课文中的麻醉剂叫什么?

生:麻沸散。

师:第一个发明麻醉剂的人(重音),强调了什么?

生:人。

师:是谁?

生:华佗。

师:抓住课题中不一样的关键词来提问,能给我们带来许许多多的信息。这些答案基本上用一个小节就可以回答出来,是课文中的哪个小节?

生:课文最后一个自然段。

师:(出示最后一段)一起读。

这样,华佗就成了世界上第一个发明麻醉剂的人。他的发明比外国早了一千多年。

(生齐读)

师:读得很整齐很响亮,语速如果稍稍快点就好了。(生再读)

师：朗读的时候，要注意停顿。（师示范读句子，生再齐读）

师：这次进步啦，因为你们注意到停顿了，掌声送给自己。

师：在小学里读到的课文，往往比较简单，很多课文，读一读开头，读一读结尾你就能得到很多重要的信息。这篇课文也是如此。（出示开头）

一千七百多年前，我国有一位著名的大夫叫华佗。由于他医术高超，被人们称为神医。

（生齐读第一节）

师：这次有停顿了，我听到了。学语文要细心，一个字，一句话，一段话，都不能轻易放过，看看你们细心不细心。你们发现什么了？

生：神医应该加引号的，屏幕上没有加。

师：你觉得可以不加吗？

生：不可以，因为他并不是神。

师：华佗是一个医术高明的医生，是个人。发现得很好，掌声送给他。在课文里，有一句话告诉我们，他不是一个万能的神，是一个会遇到困难的人。

生：（齐读）然而，有一件事却使他深感不安。那时候没有麻醉药，动手术的病人常常痛得连声惨叫。

师：细心的人又有发现了？

生："然而"，课文里是另起一段。屏幕上没有另起一段。

师："然而"是表达意思的转折。另起一段是为了更强调，引起别人注意。所以，要另起一个小节。我们把它改回来，再读一读，既然要强调，就应该读得重一点。

第二板块：理解关键词关联上下文

师：那个时候动手术，好痛苦，因为没有麻醉药。在这里，老师又发现一个关键词，这个关键词叫"深感不安"。

师：华佗深感不安，是因为——

生：是因为他没有麻醉药，动手术的人痛得连声惨叫。

师：华佗深感不安，是因为——

生：那时候没有麻醉药，他看到做手术的孩子痛得连声惨叫。

师：还可以说得更加流畅，华佗深感不安，是因为——

生：华佗深感不安，是因为那时候没有麻醉药，动手术很痛，他想让病人动手术的时候不要再那么痛苦。

师：读了课文，把课文里的句子变成自己的话了，掌声送给刚才发言的同学。

单说连声惨叫太笼统了，我们都不明白，还好，第三小节写得很明白。我们一起读第三自然段。（生齐读）

有一次，一个小孩胳膊上长了毒疮，需要割去腐烂的肉。华佗给他动手术，那小孩痛得乱蹦乱跳，发出撕心裂肺般的惨叫。华佗只得叫来几个大汉死死地把他按住，又用绳子捆起来，才勉强把手术做完。

师：同学们，朗读要注意轻重缓急，有快有慢，不要用同一个音调、同一种语速来读。谁能给我们示范一下？

（一生读）

师：听出撕心裂肺了吗？好像没有。听出乱蹦乱跳了吧？好像也没有啊。再请一个男生读。

（生读）

师：朗读的时候不要拖音。还有谁能够把撕心裂肺、乱蹦乱跳的感觉读出来。

（生读）

师：掌声送给他，有进步了。

（生齐读）

师：掌声送给自己，进步很大。没有太明显的拖音了。

师：请看屏幕，能这样改吗？（屏幕出示）

华佗给他动手术，那小孩发出惨叫。华佗叫来几个大汉把他按住，又用绳子捆起来，才把手术做完。

师：如果你觉得不能，请围绕"深感不安"来分析原因。

生：如果不用撕心裂肺，就体会不出小孩发出惨叫有多痛。

师：如果不用撕心裂肺，就体会不到小孩的痛苦。再说一遍。

生：如果把撕心裂肺去掉的话，那就体会不出小孩的痛，也体会不出华佗的深感不安。

师：掌声送给她。这位同学联系"深感不安"来分析了。

生："死死的"不能去掉，因为这样才会知道小孩挣扎得很厉害。

师：可惜你没有联系"深感不安"来说。

生：如果不用死死的，就体现不出小孩有多么痛，也体现不出这些大汉要用什么样的力度去把他按住。

师：也体现不出华佗的……

生：也体现不出华佗的深感不安。

生：如果把"勉强"去掉，就不能体现华佗做完这个手术是多么不容易。

师：（总结）正是因为做手术是那么的不容易，所以华佗深感不安。他心系病人，不想让自己的病人在治疗过程中如此痛苦。联系上下文理解了关键词，我们就能更好地理解课文。这样的词语在课文中有不少，比如第五自然段。我们一起用刚才学过的方法朗读这个自然段。（生齐读）

第三板块：对比关键词理解人物

师："发出昏睡的鼾声，一点儿也看不出有什么痛苦"，可以读得慢一点，让人感受到病人正在睡觉。（生齐读）

师：比较一下两次手术的内容，你有什么发现吗？

生：第一次手术病人是痛得乱蹦乱跳，第二次手术病人没有这样。

师：两个手术情况正好相反。

生：小孩痛得乱蹦乱跳，而这个汉子一点儿痛苦也没有。

师：这个小姑娘说得越来越好了。

师：在大家刚才的发言中，都提到了一些重要的关键词。老师给大家准备了一张学习单。两人一组合作完成它。第一次手术，你可以从书中摘录关键词，第二次可以摘录，也可以发挥想象自己写，但要和第一次形成对比。

（学生练习）

师：请一组同学来交流，一个同学利用关键词交流第一次手术的情况。另一个同学交流第二次手术的情况。

生：第一次给小孩做手术，华佗看到小孩乱蹦乱跳，听到小孩撕心裂肺般的惨叫，手术是勉强做完。

生：第二次是给醉汉做手术，华佗看到醉汉任人摆布，听到他昏睡的鼾声，最后手术顺利做完。

师：说得真不错。再请一组交流。

生：第一次华佗给小孩动手术，华佗看到小孩乱蹦乱跳，听到小孩撕心裂肺般的惨叫，勉强把手术做完。

生：第二次是给醉汉做手术，华佗看到醉汉软绵绵的，任人摆布，听到醉汉发出昏睡的鼾声，手术做得十分顺利。

师：哪位同学想象了第二次手术的关键词？（环视）没有。是有些难，回家以后可以再思考。

同学们，两次手术如此的不一样，华佗产生了疑问，有了思考。请一位同学扮演华佗，我扮演随从，请华佗说说自己的想法。

（师生情境表演）

师：先生，你看这个人，昏睡过去了。他喝醉酒了，所以动手术的时候没有一点痛苦。先生，你还记得上次给一个小孩子做手术，小孩子痛得乱蹦乱跳吗？先生，我有个好主意，以后我们给病人动手术，就让他喝酒。他如果不喝，我们就把他灌醉，这样动手术就顺利了。

生：这样不行。

师：为什么？

生：因为小孩子喝了酒，醉了，会影响身体健康。

师：哦，小孩子不能喝酒，这话倒也对。那怎么办呢？有什么好办法解决这个问题呢？

生：我们来发明一种不会影响身体健康的药让他们喝。喝了以后，做手术就没有痛苦。

师：看来这种药，只能由先生去发明。我只想出一个办法，就是把他们全灌醉。

师：这位同学真是机灵，把华佗的想法都说出来了。还有谁愿意试试？这次我扮演抬醉汉的人。请一位同学扮演华佗，手术做完，如果你是华佗，你会怎么问周围的人?

生:这是咋回事呢?这个人昏睡着,一点没感到疼痛?

师:先生,今天我们聚会,叫了一桌子菜,买了很多酒,他喝醉摔跤了,把腿摔断了。

生:哦,那要是发明一种药,喝下去就像醉了一样,不就好了吗?

师:什么好了?先生,您说什么呀?

生:就是要发明一种药,人喝下去,就会昏昏沉沉睡着,这样做手术的时候不就没痛苦了吗?

师:上次听说您给东村的小孩子做手术,他痛得要命,最后勉强做好手术。那您赶紧去发明,造福老百姓。再见。

生:再见。

师:这位同学表演得更好了。

师:华佗看着小孩,他心里在想:有什么办法不让人这么痛苦呢?看着醉汉,他有了灵感,华佗真是一个善于观察、善于思考的人。(引导学生齐读句子)

看着痛得死去活来的孩子,华佗心想:有什么办法能使动手术的病人不感到疼痛呢?

看着这醉汉,华佗沉思起来:如果有一种药,让病人吃下去,也像醉了一样,动手术不就没有痛苦了吗?

师:刚才我们找到很多关键词。有的关键词和上下文相关联,有的关键词意思正好相反。这些关键词往往和课文内容,以及课文想要表达的思想情感有关系。对这样的关键词我们一定要好好琢磨,那样就能更好地理解课文。

第四板块:寻找关键词自悟人物

(屏幕出示)

从此,华佗时时留心,处处搜集单方进行试验,终于合成了一种中药麻醉剂——麻沸散。动手术的病人喝了这种药,便会昏昏入睡,手术结束后才慢慢苏醒。

师：请看屏幕，你能不能从中发现一两个关键词，或是针对它们提问？也可以说一说这个关键词给你带来的感受。同桌之间商量一下。（学生商量）

生：我找到的关键词是"终于"，说明华佗经过很久才发明麻醉散。

生：我找到的是"时时处处"，因为他是认真观察，仔细思考。

师：时时、处处是什么意思？

生：时时是经常，处处是到处。

师：这说明华佗发明麻醉剂很——

生：艰辛。

生：我找到的关键词是"留心"。

师：这个词好特别，连老师也没发现。

生：如果没有留心观察，就发明不出来麻醉剂。

师：发明麻醉剂需要反复试验，要研究。（板书：研究试验）请一起朗读屏幕上的句子。（生齐读）

从此，华佗时时留心，处处搜集单方进行试验，终于合成了一种中药麻醉剂——麻沸散。动手术的病人喝了这种药，便会昏昏入睡，手术结束后才慢慢苏醒。

师：华佗被人称为神医，除了医术高明，还有别的原因，你看着黑板上的提示，能说出来吗？

生：还因为华佗为人民着想。

师：应该是为病人着想。

生：为病人着想，所以才成了神医。

师：华佗被称为神医，除了医术高超，还因为——

生：他认真观察，仔细思考，并研究试验，最后发明了麻沸散。

师：在今天的学习中，我们抓住关键词理解课文。（板书：关键词）同学们在阅读时，如果不去关注关键词也能读懂文章。但如果你们关注了关键词，看到了它们彼此的联系，看到了意思相反的关键词，看到了意思相近的关键词，再去理解课文，就会有更多收获。

下课。

附：

一堂朴实而又扎实的阅读课
——评朱煜老师《第一个发明麻醉剂的人》

伍德友

朱老师的这堂课让人为之一震。我们平常看到的阅读课堂，大都是尽可能地在有限的时间里教给学生更多的知识与技能，其结果却走向了面面俱到而面面不到的尴尬境地。而朱老师一堂五十分钟的课只为做好一件事——用抓关键词的方法来读懂课文内容。就凭这样的大气、目标专一的设计，就是很多优秀的老师所不能及的。

那么朱老师是怎样来达成"用抓关键词的方法来读懂课文内容"这一目标的呢？

为了达成这一目标，朱老师按照儿童的认知规律分四步走：第一步是直接告知学生"深感不安"是关键词。让学生结合课文内容大体上弄懂"深感不安"的原因。第二步，改变课文第三自然段内容，给学生搭建一个寻找关键词的支架，让学生很容易找出"乱蹦乱跳""撕心裂肺""死死地""勉强"这四个最能体现"深感不安"的关键词。第三步，第3、5自然段对比，寻找第5自然段中最能体现醉汉手术与小孩手术不同的关键词。小结：有的关键词是和上下文"相关"；有的关键词是意思正好"相反"。第四步，出示课文第8自然段，让学生实践，自己寻找关键词。这样的设计，由底层开始，让学生一个台阶一个台阶地往上攀登，最终达成教学目标，彰显出朱老师严谨的、充满智慧的课堂教学设计能力。朱老师一个自然段一个自然段地教学，是不是在教课文呢？不是的。朱老师是在教语文，是在教语文阅读的方法。

朱老师这堂课不但好在设计上的大气与目标专一，还表现在处处关注学生好习惯的养成。

一是抓课文的开头与结尾了解课文的主要内容。了解课文主要内容是阅读教学的基础。对于小学中段的四年级学生来说，了解课文主要内容是一个重要训练点。虽然概括课文的主要内容不是朱老师这堂课的教学重点，但由于本课的特殊性，朱老师趁机用几分钟的时间就教给了学生一种了解课文主要内容的特殊方法，更彰显了朱老师的教学智慧。

二是纠正学生朗读的坏习惯。读书要有自然停顿，这样听者才会听得更清楚。读书要有声音的高低、轻重、快慢的变化，这样听者才能听懂你想表达的意思。由课题入手，让学生体会强调的词语不同，所表达的意思也就不同。对于小学中段的学生，朗读能力应已基本形成，应该不是教学的重点，但从学生的朗读表现来看，学生的朗读技能是没有达到中段学生应有水平的。所以朱老师在朗读上的几次指导是很有必要的，也能看出学生在朱老师指导下的改变。正所谓"以学定教，顺学而导"，说的就是这个理。

三是教给学生在回答问题时规范表达的方法。比如在交流汇报时，朱老师教给学生汇报时要说：第一次是给谁做手术，华佗怎么样；第二次给谁做手术，华佗又怎么样。这样表述听者才会听得明白。

总体看来，朱老师这堂课教得实——目标专一；导得当——在学生的不足处及时指导。不走过场，脚踏实地地走完了这堂课的每一分钟。我们不得不佩服名师在课堂教学中深厚的底蕴。

《神奇的机器人》《奇妙的国际互联网》课堂实录

设计说明

　　这两篇课文在沪教版教材四年级第二学期第二单元中。两篇课文都是抓住事物的性质和作用来介绍一个事物，文章结构相似。因此作为单元整合教学中的略读课文，一课教两文。单元整合教学中的略读课常用两种形式教，一种是一课教一文，一种是一课教两文。不管一文还是两文，都是为了巩固单元知识点和能力点。

　　该单元的核心目标是归纳课文大意，之前已经在精读课中教过。因此在这节课上，主要是进行巩固练习。先教《神奇的机器人》，利用"机器人是什么"和"机器人的作用"两个环节，教学生准确提取信息和归纳信息。然后再让学生用同样的方法，自学《奇妙的国际互联网》。最后安排了一个拓展说段的练习。

　　归纳概括段意是四年级教学中的难点和重点，有时在教学中，学生看似已经掌握，其实不然。因此这节课，教学环节简洁，教师也不多讲解，而是让尽可能多的孩子在课堂上获得锻炼的机会。通过学生的发言，教师找出他们的不足，加以指导。

第一板块：机器人是什么

师：这节课我们要挑战一下自己，一节课上两篇课文，一起读课题。

（全班读"第9课 神奇的机器人""第10课 奇妙的国际互联网"）

师：同学们，看了这两个课题，你们有什么发现？

生：我发现第9课的"神奇"和第10课的"奇妙"意思是一样的。

师：你找到了一对意思相近的词语。

生：我发现两个课题结构是一样的，都是怎么样的什么。

师：这个男同学真聪明，知道分析词语的结构。

生：这两样东西都是比较现代化的。

师："机器人"和"国际互联网"都是很现代的东西，在古代是没有的。把书打开，考考大家提取信息的能力，谁告诉我，机器人是什么？

生：机器人是具有一定智能的机器，它能模仿人的眼、耳、口、鼻、手等感觉器官，按照人的指令做出各种各样的动作，因而被人们誉为"千里眼""顺风耳""飞毛腿""铁胳膊"。

师：找得准，读得也好。掌声送给他。

师：机器人被人称为"千里眼"是因为什么？

生：机器人被人称为"千里眼"是因为它能模仿人的眼睛。

师：人的眼睛能看到一千里一万里之外吗？

（生摇头）

师：那么机器人被称为千里眼是因为什么呢？

生：因为它能看得很远。

师：你的回答更准确。机器人被称为"顺风耳"是因为什么？

生：因为它能听到四面八方传来的声音。

师：机器人被称为"飞毛腿"是因为什么？

生：是因为它跑得很快。

师：机器人被称为"铁胳膊"是因为什么？

生：是因为它能帮助人们种植树木。

师：还有别的吗？还能说得更准确一些吗？

生：机器人被称为"铁胳膊"是因为它能灌溉田地、采摘水果、收割庄稼。

师：还有吗？

生：是因为机器人手臂的力量很大。

师：你说得最准确。一起读读课文的第一小节，一起来感受一下。

（全班读）

机器人是具有一定智能的机器，它能模仿人的眼、耳、口、鼻、手等感觉器官，按照人的指令做出各种各样的动作，因而被人们誉为"千里眼"、"顺风耳"、"飞毛腿"、"铁胳膊"。

第二板块：机器人的作用

师：同学们，机器人是什么，我们已经知道了。机器人到底有哪些用途呢？课文里写得很详细，而且分成了几个角度来写。同学们能不能快速地提取一些信息，然后告诉我，课文是从哪些角度来写机器人的用途的？

生：我觉得是从"在茫茫宇宙"。（师板书：在宇宙中）

师：再来补充。

（大多数人举手）

生：浩瀚的海洋中。（师板书：在海洋中）

生：在工矿。（师板书：在工矿）

生：在农村。（师板书：在农村）

生：在社会中。（师板书：在社会）

师：一下子就找到了这么多，原来作者是从这些角度来写机器人的作用的。你们怎么会这么快就找到这些关键词呢？

生：因为它们都在这几个小节的开头。

师：说明大家很会读书，有的时候每个小节的开头会有一些提示我们信息的词语，这样的关键词在阅读的时候一定要特别留意。因为在小节的开头，所以我们一下子就找到了，这个不稀奇。你能把在宇宙中机器人的作用用一句简单的话说一说吗？可以用自己的话，也可以用文章里的信息。

生：在茫茫宇宙中，机器人会翱翔。

师：他抓住了翱翔这个词语，可以的。还有人愿意说吗？

生：在茫茫宇宙中，机器人飞上了火星，探测是否有生命迹象存在。

师：他把具体做的工作也说出来了。很好，这个提炼很有价值。

生：在宇宙中，机器人登上了月球，揭开了月球神秘的面纱。

师：你直接说，机器人登上了月球，揭开了月球神秘的面纱。那么，在海洋中，会怎样？

生：在浩瀚的海洋，机器人探宝藏，擒油龙，找黑匣，驰骋万里，上下求索，成为人类开发海洋的生力军。

师：你找对了，可是你没有概括。你把句子读了一遍，有点遗憾。还有谁能够概括一点，提炼出最有价值的信息？

生：在海洋中，机器人能够探索宝藏，寻找黑匣子。

师："黑匣子"在飞机失事后，会掉入大海，需要人们寻找，而探索宝藏是机器人到海底探索有用的资源。这两者是不一样的，这位同学提炼得真好。非常好，真聪明。掌声送给他。（全班鼓掌）

生：在海洋中，机器人驰骋万里，上下求索，成为人类开发海洋的生力军。

师：接下来在工矿中，注意信息越来越多了，一定要提炼得准确。

生：在工矿，电焊、万能油漆、电视装配、飞机钻孔、采煤、搬运、清道，到处都有它们勤劳的身影。

师：有谁的身影？

生：在工矿，机器人有着极为广阔的用武之地。电焊、万能油漆、电视装配、飞机钻孔、采煤、搬运、清道，到处都有它们勤劳的身影。

师：继续往下说，"在农村里""在社会上"，你可以选择其中一个说一说。

生：在农村，机器人披星戴月，耕云播雨，成为第一代"铁农民"。

师：概括得很好。

生：在农村，机器人种植树木、灌溉田地、采摘水果、收割庄稼、挤牛奶、剪羊毛、喂牲畜。

师：这是用了列举的方法，不是用了归纳的方法。

生：在社会上，机器人才华横溢，能歌善舞，机灵精巧，能说会道。

师：你抓住了它所承担的任务的几个特征，能歌善舞，能说会道，可以的。

生：机器人还走向社会，有的成为棋坛怪杰、书画大师、体育能人；有的成为医学博士、手术专家、护士小姐。

师：你也是用列举的方法，现在我们不用列举，我们用归纳的方法。你得想出自己的词语。谁能够说说看？

生：机器人走向社会，他们个个才华横溢。

师：用"才华横溢"就归纳好了。

生：机器人在社会上能歌善舞，机灵精巧，能说会道。

师：现在能否抓住关键词，把机器人的作用全归纳出来？

生：在宇宙中，机器人是人类航天活动的先驱；在海洋里，机器人是开发海洋的生力军；在工矿，机器人有着很大的用武之地，到处都有它们勤劳的身影；在农村，它们披星戴月，耕云播雨，成为第一代"铁农民"；机器人还走向社会，它们才华横溢，能歌善舞。

师：说得好呀，掌声送给她。（全班鼓掌）

师：老师现在要提高要求了，先简单地说一说"机器人是什么"，再说说机器人的作用。（板书：是什么，作用）

生：机器人是具有一定智能的机器，它能模仿人的眼、耳、口、鼻、手等感觉器官，按照人的指令做出各种各样的动作。在宇宙中，它第一个登上月球，揭开月球神秘的面纱，在太空中翱翔，大显身手；在海洋中，它驰骋万里，上下求索，成为人类开发海洋的生力军；在工矿，机器人有着很大的用武之地，到处都有它们勤劳的身影；在农村，它们能帮助农民做许多农活，它们披星戴月，耕云播雨，成为第一代"铁农民"；在社会上，它们加入人群，才华横溢，能歌善舞，能参加很多社会活动。展望未来，机器人会在社会上有更多的用处。

师：掌声送给她。（全班鼓掌）

第三板块：用相同的方法自学第10课

师：同学们，现在我们来自学第10课，同桌之间讨论，一个找"是什么"，一个找找"作用"。

（学生自学）

师：先请这组小朋友，记住，一定要抓住其中的关键词，千万不能照着课文读。简单明了地说出来"互联网是什么""互联网的作用是什么"。

生：国际互联网就像一张大网，它是用无数条"线"把亿万台电脑连接起来的。这些"线"上飞速流动着文字、图象、声音，它们能够在几秒钟内跨过万水千山，传到世界各地的电脑上。

同桌：它的作用是可以把自己的信息快速地发到远在他乡的朋友的电脑上，还可以在网上和亲朋好友通电话，和天南地北的朋友聊天、游戏，国际互联网似乎把我们的大地球缩小了。我们还可以在网上查阅资料、聊天，逛商场，用"电子钱包"付款，让商店把东西送到家中。

师：你还是把互联网的作用读了一遍，没有很好地归纳。但是这两位同学发言很响亮，态度很大方，这是他们的优点。不要紧，我们再来听一听其他同学的发言。记住，刚才讲过的抓住关键词。

生：国际互联网是通过无数条"线"把亿万台电脑连接起来的。这些"线"上有的是电缆、光缆，有的是无线电波。这些"线"上飞速流动着文字、图象、声音，它们能够在短短几秒钟内跨过万水千山，传到世界各地的电脑上。

同桌：国际互联网的内容很丰富，有各种知识和信息，人们可以在网上了解各种信息，可以和世界各地的朋友聊天、游戏，可以在网上问问题，向国内外专家请教。

师：你说的这些是哪方面的作用？

生：学习方面。

师：除了学习，互联网还可以让我们干什么呀？

生：娱乐。

师：除了娱乐之外还可以干什么？

生：工作。

师：再请一位同学归纳。

生：互联网就是用看不见的无线电波和电缆、光缆组合起来的无形的网。有了互联网，我们可以在网上娱乐、学习、聊天。

师：掌声送给他。（全班鼓掌）

（师补充板书：是什么，作用，展望）

师：两篇文章的相同点在哪里？

生：结构是相同的。

师：话要说完整，两篇文章……

生：两篇文章的结构是相同的。

师：还有什么发现？

生：文章的第三部分都是写它的作用和展望。

生：我们都用归纳的方法来了解课文内容。

师：有的同学说结构，有的同学说碰到这样的文章，我们应该怎么去读，怎么用最短的时间、最好的方法来读出信息，学会归纳。

生：它们都详细地介绍了作用。

第四板块：拓展说段

师：现在老师请你作一个选择，你可以选"机器人真神奇……"往下说，也可以选"国际互联网真奇妙……"；你可以选文章里的内容说明你的观点，也可以用自己在课外了解到的信息来说明自己的观点。

生：机器人真神奇，在宇宙中，作为人类航天活动的先驱，揭开了月球的面纱，在太空中翱翔。

生：机器人真神奇，在农村，它们可以灌溉田地、采摘水果、收割庄稼。

师：你们说的都是文章里的话，有没有同学能够结合自己的话说说看？

生：国际互联网真奇妙，它可以让你和好友通电话，可以在网上了解知识，可以在网上上课，甚至可以在网上购物和上班。

师：基本上都是用了自己的话。最后再请一个男同学。

生：机器人真神奇，它能看到人们看不到的东西，能听到别人听不见的细微的声音，它跑的速度比人类快很多倍，它的胳膊力气比人类的大，比人类的坚硬。

师：掌声送给他，这位同学完全用自己的话来表达，非常好，语言组织能力非常强。

这节课就上到这里，下课。

《长城》《颐和园》课堂实录

这两篇课文是人教版四年级第一学期第五单元的课文。该单元还有一篇课文《秦兵马俑》，因其对秦兵马俑的规模、种类进行了细致入微的描写，表达形式也适合四年级学生深入学习，所以我将其作为单元精读课。而这两篇因为内容相对简单，故作为略读课文，一课教两文。单元目标为：学习准确地写出景物特点。这节略读课主要帮助学生巩固掌握该单元目标。

这节课是在杭州"千课万人"的活动中上的。当时为了完整地展示单元整合教学的全貌，我与另三位同行针对这个单元展示了四节课：精读课、略读课、作文课、综合课。

如果说《神奇的机器人》《奇妙的国际互联网》是扣住单元目标，一篇带一篇。那么这节课则是扣住单元目标，充分利用文本资源，带着学生多次比较，自主发现用词准确的妙处。

课堂实录

一、谜语入课，创设情境提问

师：这节课，我们要学习两篇课文，有没有信心啊？

生：有！

师：同学们，我们先猜个谜语好吧？如果这个世界上有两种人的话，你说可以分成哪两种人？

生：男生和女生。

师：从性别上来分。

生：好人和坏人。

师：是啊，从品质上来分。

生：大人和小孩。

师：就是成年人和未成年人，从生理上来说，太厉害了！这个问题根本难不倒大家，你们从不同的角度去思考，很好！从不同的角度去思考，是一个非常可贵、非常难得的思维品质，我们从小到大都要这样独立地思考。人可以分成男女，有的时候，语言也可以这样分——（出示）

这样气魄雄伟的工程，在世界历史上是一个伟大的奇迹。

师：你觉得这个句子，男生读还是女生读？

生：男生。因为这句话可以体现出长城的雄伟。

师：你真会说话！非但告诉我们答案，而且还告诉大家为什么是这个答案。掌声送给她！（生鼓掌）

（男生齐读）

师：读得真不错！再看一个——（出示）

颐和园到处有美丽的景色，说也说不尽，希望你有机会去细细游赏。

生（男）：女生读，因为颐和园的美和女生一样。

生：我觉得雄伟用男生洪亮的声音比较好，但是颐和园清秀的景色应该由女生来读。

师：她把老师要说的话说掉了。

生：（笑）好厉害啊！

师：女生一起来，预备读——

（女生齐读）

师：现在啊，每到假期，爸爸妈妈都会带着大家到外地旅行。有些爸爸妈妈出去之前，还做旅行功课。这是一个好习惯。同学们，如果要去北京旅行了，我们肯定要走一走长城这个景点，去之前，你们会建议爸爸妈妈做些什么功课呢？你们想对长城了解些什么呢？

生：第一个是"长城为什么叫长城"，第二个是"长城到底有多长"。

师：既然叫长城，一定是很长的，我得了解它的长度。（板书：长度）

生：长城是用什么建筑的？

师：是用什么建筑材料建起来的？（板书：建造）

生：它为什么叫长城？

师：刚才已经有同学说过了，因为它很长。

生：长城在哪里？

师：它的地理方位。

生：长城是古时候建的，古时候没有起重机，它是怎么建的呢？

师：对呀，它的建造方法是怎么样的。

生：建造长城用了多久？

生：是古代什么时候建造的？

师：建造的年代。还能不能从不同的角度来说？

生：长城的历史背景。

师：也就是说为什么要建一个长城。

生：长城上面的城台有什么用？

师：它的作用如何。赶紧写下来，你们的想法和刚才说的已经不一样了。（板书：作用）

师：游完了长城，我想去颐和园。得事先做点什么功课呢？

生：为什么叫颐和园呢？它是谁建造的呢？

师：从对长城的思考延伸到颐和园，很好，真聪明！

生：颐和园是什么时候建造的？

师：对，刚才也有同学问过类似的问题。

生：颐和园总共有多大？

师：这个同学真聪明，他没有说颐和园有多长，他说颐和园有多大，真会思考！

生：为什么要造颐和园？

生：颐和园最著名的景点有哪些？

师：颐和园是一个大大的公园，在那么大的公园里，有哪些景点是最有名、最美丽的？

二、由繁到简，梳理写作顺序

师：从课文中找找看。小作者去了哪些景点？依次寻找，不要着急。

生：作者先去了长廊，然后到了万寿山脚下，又到了佛香阁和排云殿，再登上万寿山，写万寿山上可以看到的景色，最后写万寿山下的昆明湖和那些石桥。

师：你说得非常清楚。可是，如果要把这些话全都写到黑板上，写不下，怎么办呢？列几个小标题吧。（生：长廊）对——长廊，赶紧写上去。（板书：长廊）

生：万寿山。

师：从长廊出来，就看到了万寿山。（板书：万寿山）

生：佛香阁。

师：佛香阁、排云殿，不写了。知道为什么不写吗？

生：因为万寿山上面就包括了排云殿和佛香阁。

师：你真会思考。

生：昆明湖。（师板书）

生：石桥。（师板书）

师：好像还有哦，并不是一下了车，我们就看到长廊的。

生：大殿，还有进了大门。

师：先进大门，然后穿过大殿。原来，作者是这样游览颐和园的。（板书：大门，大殿）作者把颐和园里最有特点的景点都写出来了。不仅如此，课文一开始就开门见山地讲，颐和园是一座美丽的——（生：大公园）（师板书），结尾又一次告诉我们，颐和园怎么样啊？

生：希望你去多多观赏。

师：对呀，需要多多观赏，才能感受到颐和园的美呀。（板书：多多观赏）刚才，你们怎么会那么快就找到这些景点的？有窍门吗？谁来分享一下？

生：每个自然段的第一句话总是会介绍这些，只要在第一句话找出来就是了。

师：他真会读书啊！是的，对于一篇写景物的文章，我们可以先注意它的开头，注意它的结尾。写景物的文章，往往会在开头与结尾把主要内容以及作者想要表达的情感都写在里面。不仅如此，刚才我们还发现了过渡句。一起读一读——（出示）

进了颐和园的大门，绕过大殿，就来到有名的长廊。

走完长廊，就来到了万寿山脚下。

登上万寿山……

从万寿山下来，就是昆明湖。

（生齐读）

师：就是这样简单的几个句子，把文章串联起来。我们读文章的时候，这样一读，就能一下子了解它的主要内容。单单了解主要内容是不够的，刚才那节课上，我们已经学过了准确地写出景物的特点。我们都会写景物，可有的时候，我们不大会准确地用合适的词语来表达。这节课上，我们学习作者是怎样写出颐和园的特点，怎样写出长城的特点的，而且是准确地表达出来。

三、比较表达，体会景物特点

1. 长城之"长"

师：刚才有同学说，长城啊，你好长！我们先来读读关于长城长的句子，一起读——（出示）

远看长城，它像一条长龙，在崇山峻岭之间蜿蜒盘旋。从东头的山海关到西头的嘉峪关，有一万三千多里。

（生齐读）

师：谁能说说好在哪里？

生：告诉我们准确的数字了，长龙是非常长的。

师：准确的数字，让我们有清楚的概念。

生：把长城的长写得非常清晰，让我们知道长城到底有多长。

生：写了长城是从哪里到哪里的。

师：方位更加清楚了。

生：作者把长城比喻成一条长龙。

师：你看，单单说数字，有点枯燥，说它像一条长龙，我们读起来就不一样了。既然大家都说它好，一起读——（出示）

远看长城，它像一条长龙，在崇山峻岭之间蜿蜒盘旋。

（生齐读）

师：同样是用比喻，作者为什么不这么写呢？（接着出示）

远看长城，它在崇山峻岭之间蜿蜒盘旋，像一条长龙。

师：把长龙放到后面，意思不是一样的吗？小声地把两个句子读一读，感受一下。朱老师读一篇课文，总喜欢胡思乱想，我读到这里，就想：为什么把长龙放到前面去说，而不是放到后面去说呢？

（生自由读两个句子）

师：读完了，有感受、有想法、有体会的同学可以举手示意老师。

生：因为作者想表达长城的长。

师：很好！继续分享——

生：放在后面总感觉有点不通顺。

师：读起来怪怪的，这是你的感受。

生：把"像一条长龙"放在前面写，你可以一下子感觉长城是活的，很生动。

师：真会思考，掌声送给他。（生鼓掌）我们就把第一句话再读一次，感受一下，就像刚才几位同学说的，长龙这个比喻放到前面更合适，更能够体现长城的长。一起读——（生齐读）

师：好，老师也来读一次。（师范读）

师：长城长吗？

生：长！

师：长的。读下面这句，感觉就不好。（师读第二句）

师：还长吗？

生：不长。

2. 昆明湖之"静""绿"

师：颐和园里也用比喻句了。写景的文章总离不开比喻，用了比喻可以帮助读者了解自己所不熟悉的景物。你看，昆明湖的特点其实很多，作者为什么偏偏选择"静"和"绿"这两个特点来作比喻呢？可以联系上下文，可以联系你自己日常的生活体验哦，谁来猜猜看？（出示）

正前面，昆明湖静得像一面镜子，绿得像一块碧玉。游船、画舫在湖面静静地滑过，几乎不留一点儿痕迹。

生：因为"静"和"绿"，我们附近的湖大概都没有这样的特点，也许只有昆明湖才有。

师：你的意思是现在很多的河流都被污染了，昆明湖还非常干净，所以赶紧要写一写。

生：到了正前面，主要就是看到它的"静"和"绿"。

师：也就是说，在观赏的时候映入眼帘的首先是"静"和"绿"。我觉得她说得也非常有道理哦，先看到的印象很深，所以就写出这两个特点。问题是，这水怎么会变绿了呢？好奇怪哦。

生：因为这表示它旁边的环境很好。

师：它旁边有什么呀？

生：有很多树。

师：树是什么颜色的？

生：树是绿色的，水很清，映得水都是绿色的。

生：还因为它底下有水藻。

生：也有可能周围有山。

师：山上有树，树的绿色都倒映在湖中。同学们，看老师屏幕上这红颜色的字，你们能不能联系红色的字，再联系比喻句谈一谈？那样的话，你们的思路会打得更开。（"滑"字标红）在什么样的情况下可以一下子滑过去？

生：在很平很静的地方。

师：很平的地方，像镜子一样平，就可以滑过。

生：很光滑的，就像冰的样子。

师：从一个"滑"字，我们可以知道，湖面就像镜子一般。比喻句也不是随便用的，要根据周围的环境，根据景物的特点以及作者独特的感受来用。一起读一下——（生齐读）

师：你们也读得静静的。难得有休闲的时间去公园游玩，我们当然希望这个公园非常安静、非常干净，难怪作者要选择这样两个特点去写它。

3. 长城与长廊之比较

师：在《颐和园》这篇课文当中，除了用到比喻句之外，也写到了"长"。一起读——（出示）

绿漆的柱子，红漆的栏杆，一眼望不到头。这条长廊有七百多米长，分成273间。每一间的横槛上都有五彩的画，画着人物、花草、风景，几千幅画没有哪两幅是相同的。

师：比较一下，这两段话在写"长"的时候有什么不同？（出示《颐和园》与《长城》的两个语段）

生：写长城是先用比喻句体现它的长，在写颐和园长廊的时候直接用文字写出有多长，每一间都是不一样的，上面有些什么东西。

生：写颐和园有列数字。

师：那写长城列数字了吗？

生：列了。

师：那就是相同的地方，不是不同的地方。

生：写长城的时候，是从大的地方看，就像一条长龙了。写颐和园的时候，是去细细观赏，就可以看见很多不同的地方。

师：写的视角不同，连老师也没发现。很遗憾，它怎么不用比喻呢？写景色的文章如果用个比喻，多好啊！我去过颐和园，我在颐和园的长廊里慢慢地走，细细地观赏。哇，太美了！好长好长哦，也有点弯的，真的就像条长龙。不行，我得把它改掉，我得给它加个比喻。（出示对比段，"像一条长龙"标红）

绿漆的柱子，红漆的栏杆，一眼望不到头。这条长廊像一条长龙……

远看长城，它像一条长龙……

　　师：我要说它像一条长龙，那么好的比喻，我怎么可以不用呢？

　　生：不行！

　　师：为什么不行？

　　生：因为长廊不像长城那么壮观，没有那么高。

　　生：颐和园的长廊也没有那么长。

　　师：（笑）哦，不够长，不能用长龙来形容。

　　生：在颐和园里放一条长龙不够美丽。非但不美丽，而且有点吓人。（生笑）

　　生：因为长城非常雄伟，比作长龙就能体现我们古代劳动人民修筑的时候很辛苦。长廊那里的景色是很美丽的，是非常柔气的，用长龙来比就显得有点粗鲁，所以就有点不恰当了。

　　师：虽然你的表达有些不恰当，但是你说出了这样比喻是不恰当的。所以千万不能加个"长龙"。其实，一个景点想要写得美一点，还有别的方法，你看呀，多美呀，一起读——（出示）

　　长廊两旁栽满了花木，这一种花还没谢，那一种花又开了。微风从左边的昆明湖上吹来，使人神清气爽。

　　师：美吧？我又要改了——（出示）

　　长城两旁栽满了花木，这一种花还没谢，那一种花又开了。微风从左边的山谷里吹来，使人神清气爽。

　　（全班笑）

　　师：一边爬着长城，一边欣赏小野花，多好！一边爬着长城，一边凉风习习，多舒服啊！（生齐说不行）为什么不行？

　　生：因为长城是很高的，高山上基本没有花，只有那些树。而且，左边山谷吹来的风也许不是很清凉。

　　师：我告诉你，那边有树的，那边有花的，我看到过小野花，那里的风也蛮清凉的。可就不能这么写！你没有说到点子上，不要紧，听听其他同学是怎么说的。

生：长城是属于那种雄伟壮观的，但花是比较漂亮的，所以两个放在一起有点不合适。

师：一个柔和，一个壮观，硬搭在一起就不合适了，所以我们在写的时候要选择。

生：长城在比较高的地方，花是比较少的，不可能一种花还没谢，另一种花又开了。

师：从植物生长的原理来推断，真不错。

生：因为长城是在军事要地，士兵驻守在那地方，如果种花木的话，就会让士兵分心。

师：他联系文章里的内容说，长城是防御工事的，主要是用来打仗的，防御敌人的，在这个时候，即便有花，我们也不必去写它。

四、抓住特点，合作赏读句子

师：学到这里，你们有什么收获呀？

生：一定要恰当地写景。

生：不能把形容非常雄伟壮观的词用在描写非常秀丽的景物上面，也不能反着用。

师：用词要准确，不能反着用。

生：用词要恰当，不然会很别扭。

生：不能把一种美丽和一种壮观放在一起写。

师：同学们，我们自己来试试看，你们选择一篇课文，或是《长城》，或是《颐和园》，从中找到一个你们喜欢的句子，来说一说作者是怎样把它写清楚的，是怎样写出颐和园的美丽，写出长城是伟大的奇迹的。（板书：伟大的奇迹）同桌互相商量一下。

（生讨论）

师：待会儿汇报的时候，一个同学负责来念你们找到的句子，一个同学负责来说这句话怎样准确地写出了美丽，这句话怎样准确地写出了奇迹？

生：单看这数不清的条石，一块有两三千斤重，那时候没有火车、汽车，没有起重机，就靠着无数的肩膀，无数的手，一步一步抬上这陡峭的山岭。

师：你觉得这句话哪里准确地写出了奇迹？

生：那时候没有火车、汽车、起重机，他们靠着手和肩膀就把石头抬上了这陡峭的山岭，我觉得是奇迹。

师：非常大的奇迹，因为这完全要靠人力。如果你把老师补充的这句话放进去就更好了。分析得不错，掌声送给他们！（生鼓掌）

生：抬头一看，一座八角宝塔形的三层建筑耸立在半山腰上，黄色的琉璃瓦闪闪发光。

师：美在哪里呢？

生：佛香阁耸立在半山腰上（师：用了一个"耸立"），还把佛香阁写得非常具体——三角宝塔形的三层建筑。（师：说明非常清晰）还写出了我们平常不注意的黄色的琉璃瓦（师：颜色非常漂亮，加在一起非常美丽）。

师：很好！这位同学能够找到具体的词去分析，可遗憾的是，老师帮你的，如果不要老师帮，自己就说出来，那就厉害了。

生：城墙外沿有两米多高的成排的垛子，垛子上有方形的瞭望口和射口，供瞭望和射击用。顶上，每隔三百多米就有一座方形的城台，是屯兵的堡垒，打仗的时候，城台之间可以互相呼应。

师：这个奇迹在哪里呢？

生：这个奇迹就在于：古代的时候，没有设计的图纸，就可以想象到，敌人进攻的时候，万一隔得太远，看不到敌人怎么办；垛子上有射口，这样可以掩护射箭的人，也可以射杀敌人。

师：也就是说，古人在设计长城的时候，已经想得很周到了。图纸一定是有的。他们俩很好，没有让老师来提醒，完全是他们自己说的，非常棒！

师：同学们自主学习，自己分析字词，已经讲得非常好了。今天我们就上到这里，下课！

板书：

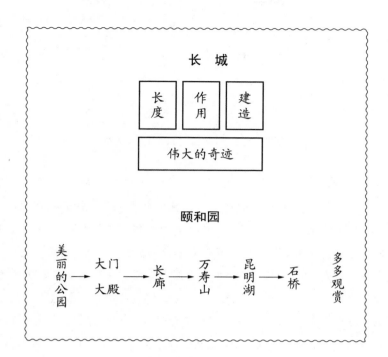

附：

领着孩子体会语言的奥妙

杨文华

我想，孩子们听了朱老师的这节课，肯定会留下非常深刻的印象。朱老师上的是略读课，课上讲了两篇课文——《长城》和《颐和园》。可以说，这两篇课文不是很好上，但朱老师却用一节略读课带给孩子们非常丰富的内容。

他为什么能做到这一点？我想主要有两个方面：一是他始终紧扣单元目标，并且逐步深化单元目标。上一堂课汪老师上的"抓住特点写景物"，但是，朱老师在抓住特点的同时，把教学重点放在深化语言运用的部分，就是理解比喻句的作用和遣词造句的情感色彩，这点他做得非常好。二是怎么做到体会语言文字的精确妥帖，朱老师这节课给我们作了特别好的示范。这两篇课文孩子自己不一定能读明白，朱老师在这节课上作了非常有效的引导。一个是比喻句，为什么用比喻句，为什么不用比喻句，老师设计了比较。另外，学习语言遣词造句的感情色彩，朱老师在这方面的教学非常细腻。你看，他分析了长城的句式。"远看长城……"这里写出了长城的气势雄伟。而写颐和园抓住了昆明湖的"静"和"绿"，还有在湖面上慢慢地"滑"过，朱老师在这个地方停下脚步，带着孩子细细地品味语言，让孩子感悟语言文字的奥妙，这也是老师的高明之处。只有老师抓住了这些语言的奥妙之处，才能把孩子带进去。

《母鸡》课堂实录

　　《母鸡》是沪教版教材五年级第一学期的课文，是根据老舍先生的散文《母鸡》改编而成的。全文主要分成"讨厌母鸡"和"不敢再讨厌母鸡"两个部分。中间用"可是，现在我改变了看法，因为我认识了一只孵出一群小雏鸡的母鸡"连接。文章结构清晰，语言特色鲜明，不管是内容还是主题，都易于被学生接受。

　　在解读课文时，我发现作者对材料详略的处理颇有匠心。夸奖母鸡的部分重点写，为的是突出文章中心。批评母鸡的部分简要写，为的是既形成对比给人留下一个立体的母鸡形象，又不喧宾夺主。另外，文中还多次使用感情色彩鲜明的词句，以表达作者的感受。由此，我将上述两点作为主要教学目标，将主要教学环节分成四个板块。第一个，在学生预习过课文的基础上，先复习上学期学过的提问的方法，然后梳理出核心问题，以此引出后面的教学环节，让学生带着问题学习。第二个，重点学习"不敢再讨厌母鸡"的部分。通过找句子、读句子、分析句子以及想象练习等言语实践活动，帮助学生在了解课文内容，体会主题的同时感受作者语言特色。第三个，学习"讨厌母鸡"的部分。引导学生感受语言在特定语境中的情感色彩，增强他们对语言的敏感度，从内容、作用以及作者情感表达的角度体会前后对比的表达方式。第四个，引导学生从整体上把握课文，体会作者在处理材料详略时有着自己的意图。这样的引导一方面帮助学生学会阅读方法，另一方面亦能提高学生的习作能力。同时，学生的思维能力也能得到发展。

通过上述环节，我希望能立足于五年级学生的年龄特点和课标要求，引导其学习作者的表达，并加以运用，发展自己的语言能力，同时亦受到良好的人文熏陶。

课堂实录

第一板块：复习旧知，提问引入

师：今天我们一起学习一篇新课文，题目叫《母鸡》。大家课前已经预习过课文，请看屏幕上的句子。

可是，现在我改变了看法，因为我认识了一只孵出一群小雏鸡的母鸡。

师：这句话是文章的第几自然段？

生：第四自然段。

师：请大家一起读这句话。（生齐读）

师：边读边思是很重要的学习方法。上学期我们学过抓住重点词提问的方法，当大家第一次读这句话时，脑海中是否产生过疑问？

生：为什么作者先说不喜欢母鸡，后来又喜欢母鸡了？

生：是什么原因对母鸡改变了看法？

生：为什么认识了一只孵出小雏鸡的母鸡后，作者就改变了看法？

师：三位同学的问题实际上是一样的。不过你问得比之前两位同学更到位。我们就围绕你的问题来学习。

[说明：梳理学生的提问，引出下个学习环节，让学生的关注点更集中。]

第二板块：体悟语言，感受主题

师：作者一开始对母鸡是什么看法？

生：作者之前很讨厌母鸡。

师：课文中有一个词写出了作者讨厌母鸡的程度，请找出来。

生：一向。

师：什么叫"一向"？

生：一向就是一直。

师：作者后来的态度呢？

生：后来作者不敢再讨厌母鸡了。

师：你说得真好，直接从文中找到了答案。刚才一位同学说，作者是认识了一只孵出小雏鸡的母鸡后，才改变了看法。我们一起来认识一下这只母鸡。请轻声读课文第五自然段，找出描写母鸡的句子。

[说明：通过点评告诉学生正确的阅读方法。]

（生读课文）

生：我找到的是："不论是在院里，还是在院外，它总是挺着脖儿，表示世界上并没有可怕的东西。"

师：这句话给你留下什么印象。

生：我觉得这是一只什么都不怕的母鸡。

师：能否用一个词概括一下？

生：勇敢。

师：你真会概括。

生：我找到的是："一只鸟儿飞过，或是什么东西响了一声，它立刻警戒起来，歪着头儿听；挺着身儿预备作战；看看前，看看后，咕咕地警告鸡雏要马上集合到它身边来！"这句话说明母鸡很警惕，一有风吹草动就把小鸡召唤到身边来。

师：掌声送给他。（生鼓掌）知道为什么要送给他掌声吗？因为他不仅交流了找到的句子，还说出了自己的感受。

[说明：学生回答问题时的亮点要及时指出，这样对后面的交流能起到示范作用。]

生：我从刚才那位同学找到的句子中，感受到一位母亲保护儿女时的勇敢和专注。

师：你是从哪些字词中感受到的？

生：歪、挺、看、警告。

师：你不仅找到句子，而且还能从句中的字词获得独特的感受。请大家一起读这个自然段。

（生齐读）

师："预备作战"是怎样的情景？

生：是紧张的情景。

师：可是我刚才没有听到"紧张"。应该怎么读？

生：语速要快一些。

（生再读）

师：这次读得真好，把轻重缓急都读出来了。第六自然段中也有描写母鸡的句子，找出来，说说体会。

生：我找到的是："当它发现了一点儿可吃的东西，它咕咕地紧叫，啄一啄那个东西，马上便放下，教它的儿女吃。"我从这句话中感受到了母鸡的母爱。因为它找到食物后先要检查一下，然后才叫孩子来吃。

师：你从这个细节中获得了感受。

[说明：在点评中要引导学生学习好的阅读方法。]

生：我找到的是："结果，每一只鸡雏的肚子都圆圆地下垂，像刚装了一两个汤圆儿似的，它自己却消瘦了许多。"我从这句话中感受到母鸡为了孩子把自己都饿瘦了。这是一个负责、慈爱的母亲。

师：你归纳得真好。

生：我找到的是："假如有别的大鸡来抢食，它一定出击，把它们赶出老远，连大公鸡也怕它三分。"从这个句子中我感受到鸡母亲为了孩子竟然敢和大鸡争斗，真是勇敢。

生：我从刚才这句话里发现，原来母鸡不敢反抗公鸡，做了母亲之后，竟然敢和大鸡争斗，这里用到了对比的写法。

师：你真厉害，能联系上下文理解文章。请大家一起读这个自然段。

（生齐读）

师：同学们将"消瘦了许多"读得轻一些，很好。请看屏幕上的句子。（出示）

（1）母鸡听到什么东西响了一声，立刻警戒起来，咕咕地警告鸡雏，好像在说："＿＿＿＿＿＿＿＿＿＿。"

（2）当母鸡发现了一点儿可吃的东西，它咕咕地紧叫，好像在说："＿＿＿＿＿＿＿＿＿＿。"

师：课文中有些内容没有写出来，请大家来补充。大家可以从两句话中任选一句来说。想象的时候要联系上下文，还可以想一想你的爸爸妈妈有了好吃的东西会怎么说怎么做。

生：当母鸡发现了一点儿可吃的东西，它咕咕地紧叫，好像在说："孩子们，孩子们，这里有你们爱吃的东西，吃饱了就能快快长大。"

师：请告诉我，你为什么要说两个"孩子们"？

生：因为这样可以体现出母鸡对小鸡的关心。

师：说得好。

生：母鸡听到什么东西响了一声，立刻警戒起来，咕咕地警告鸡雏，好像在说："宝宝们，有危险，快到我身边来，我不会让你们受到伤害的。"

师：从你的语气中，我感受到了母鸡的急切。

生：当母鸡发现了一点儿可吃的东西，它咕咕地紧叫，好像在说："孩子们，你们一定饿了，快来吃吧。你们现在正是长身体的时候，应该多吃点。我都已经检查过了，很安全。"

师：从你的话中，我猜得到你的妈妈平时也是这样说的。

[说明：从不同的角度评价学生的交流，能拓展学生的思维空间。]

生：母鸡听到什么东西响了一声，立刻警戒起来，咕咕地警告鸡雏，好像在说："孩子们，快过来，黄鼠狼来了。不过有妈妈在，你们别害怕，妈妈会保护你们的。"

师：你不仅说出了紧张的感觉，还说明了原因。我突然想到一个问题，大家想象得这么好，作者为什么不写出自己的想象呢？

生：因为作者想给我们留下遐想的空间。

生：因为作者已经通过一些词句把我们想象出来的内容写出来了。比如"紧叫"。

师：我想，作者和你们的想法是一样的。接下来的两个自然段，请大家用刚才的方法学习。

（学生自读课文）

生：我找到的是："它教给鸡雏们啄食、掘地、用土洗澡，一天教多少多少次。它还半蹲着——我想这是相当劳累的——教它们挤在它的翅下、胸下，得

下编　如是我教·143

一点温暖。"我从这个句子中看到了母鸡的耐心和辛苦。

生：我找到了："在夜间若有什么动静，它便放声啼叫，顶尖锐、顶凄惨，使任何贪睡的人也得起来看看，是不是有了黄鼠狼。"这说明母鸡对小雏鸡很负责，不想让孩子受到伤害。

生：过去母鸡是咕咕叫个不停，可是做了母亲之后，小鸡啄它，它竟一声不吭。这说明它很慈爱。

师：同学们的交流归纳起来就是两句话。（学生齐读：它负责、慈爱、勇敢、辛苦，因为它有了一群鸡雏。它伟大，因为它是鸡母亲，一个母亲必定就是一位英雄。）

［说明：有了之前的指导，学生已经学会了分析句子的方法，可以放手让他们自己谈。］

第三板块：比较语言，体会情感

师：刚才的交流中好几位同学都说到了前后对比，我们已经知道后面的"咕咕"的含义，再看看前面的。（出示）

有的时候，它由前院咕咕到后院，由后院再咕咕到前院，没完没了，而并没有什么理由；有的时候，它不这样乱叫，而是细声细气的，有什么心事似的，颤颤巍巍的，顺着墙根，或沿着田坝，那么扯长了声如泣如诉，使人心中立刻结起个小疙瘩来。

有的时候，它由前院咕咕到后院，由后院再咕咕到前院；有的时候，它不这样叫，而是细声细气的，有什么心事似的，顺着墙根，或沿着田坝，那么扯长了声。

师：请大家比较这两段话，说说它们的区别。

［说明：用直观的方法，提高学生观察比较句子的效率。］

生：被删除的词写出了作者对母鸡的讨厌。

生："没完没了"写出了母鸡的叫声影响了作者。"如泣如诉"写出了母鸡叫声的难听，"小疙瘩"写出了作者心情不愉快。

师：其他同学可以学着刚才这个同学的样子继续交流。

生："永远不反抗""欺侮"写出了母鸡的欺软怕硬。

生："发了狂"写出了母鸡的骄傲炫耀。

生："就是聋子也会被它吵得受不了"写出了作者非常讨厌它。

（生齐读前后对比的段落）

第四板块：梳理详略，探究写法

师：作者既写了讨厌，也写了不讨厌，从篇幅上看，他主要想表达什么？

生：主要是表达不敢再讨厌母鸡，想说天底下母爱最伟大。

师：所以后半部分写得多一些，而且用一句话来总结，而前半部分就没有总结句。那能不能索性把前半部分删除？

生：不可以，因为有了前半部分，可以与后面的内容形成对比。

生：前面的内容起到了类似铺垫的作用，不能删除。

生：前面的内容让我们知道了母鸡孵出小鸡后的改变。

师：是的。文章前半部分线索是往下走的，到了后半部分，就往上走了。（画出线索）这样文章有起有伏才好看。

老舍先生通过这篇文章赞颂母爱。他自己也有一位负责、慈爱、勇敢、辛苦的母亲。在母亲去世后，他还专门写了一篇文章纪念她。课后我会把这篇文章和巴金先生的《狗》发给大家。《狗》的写法和《母鸡》很像。请大家完成以下作业：

1. 阅读《我的母亲》，从文中找出描写母亲负责、慈爱、勇敢、辛苦的句子。

2. 阅读《狗》，根据文后思考题琢磨作者对"怕狗"和"不怕狗"的详略处理的用意。

［说明：用与课文类似的文章作为作业素材，能帮助学生更有效地巩固课堂上学习的重点难点知识。］

下课。

板书:

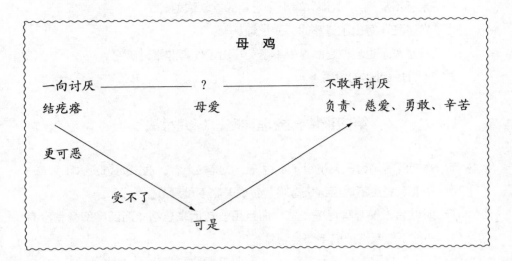

《绿毛龟》课堂实录

《绿毛龟》是沪教版教材五年级第一学期的课文，是新加坡作家尤今的作品。作者先是生动地描绘了绿毛龟姿态高雅、食态可掬，然后又通过描写作者一家人与绿毛龟的亲昵相处，写出它具有通灵之性。

这堂课是全国小学语文教师素养大赛的竞赛课，上课时间只有 30 分钟，因此我将"通灵之性"部分当作教学重点，教学目标是训练学生的概括能力。概括能力是小学生必须掌握的基础能力之一，也是小学语文学习中的重点难点，不举一反三，是无法掌握好的。所以教学中，先让学生在默读课文之后提炼出绿毛龟的三个特点，再请学生将三个特点连成句子。这个练习可以帮助学生较快地梳理出文章线索——姿态高雅、食态可掬的层次浅，而通灵之性的层次要高些。

"通灵之性"是通过两件事例来呈现的，我先用不同形式的朗读指导帮助学生理出两件事情的层次，然后指导学生抓住关键信息归纳概括每件事情的大意。单是进行概括训练容易让课堂有机械之感，因此，最后我设计了一个基于文本的拓展训练，引导学生想象作者一家与绿毛龟如何相处。在想象说话中内化课文语言，体会人物情感，在概括训练中渗透人文熏陶。

通过三个层次的教学——利用词语概括，利用语段概括，利用阅读感受概括，学生得到充分的训练，教学效果良好。

第一板块：梳理全文内容

师：我们以前接触过的写小动物的文章往往是写它的外形，写它的习性。不过这篇文章的写法有些不同。所以，它的读法也不同，请大家快速把课文通读一遍。现在开始，读出声来。

（全班读）

师：读完这篇文章，这只绿毛龟的哪些方面给你留下了深刻的印象？

生：我觉得这只绿毛龟最大的魅力在于有通灵之性这句话对我印象特别深刻。

师：印象很深。你应该说，这句话让我印象很深。明白了吗？她对于绿毛龟有通灵之性印象深刻。还有其他同学要交流吗？希望能够一下子把自己想说的话清楚地表达出来。

生："那东西，长达 5 寸，宽约 3 寸，不重。打开来，一圈绿影闪入眼中，仔细一看，竟是一大团柔软的绿毛。"我对这句话印象最深刻，它写了绿毛龟的外形。

师：你非但告诉我们对什么印象深，而且还把课文中的相关语段说出来了，而且读得非常流利。

生：我喜欢绿毛龟的吃相。

师：吃相在文章里有一个现成的四字词语，你找到了吗？

生：食态可掬。

师：吃东西时的状态非常可爱。（板书：食态可掬）这个"掬"字就是指用双手捧。有没有学过和它有关的词语？学过吗？对，笑容可掬。刚才还有一个同学讲到了通灵之性，老师也把它记录下来。（板书：通灵之性）

师：有没有同学除了这两个词语之外，还有别的方面想和我们分享交流的？你说。

生：我对绿毛龟对音乐的敏锐反应，印象很深。

师：这就是"通灵之性"。一个小动物居然能够对音乐有感觉，太厉害了。

生：我对它的名字印象很深。

师：他叫什么呀？

生：宝龟。

师：作者和他的家人给绿毛龟起了一个可爱的名字。因为这只乌龟是有"通灵之性"的。我发现，我们总结的这两个词语都是四个字。刚才有一位同学说到了外形，那么它的外形能不能也归纳出四个字，写在黑板上？

生：我找到了高雅可爱。

师：它的什么很高雅？

生：姿态。（师板书：姿态高雅）

师：三个词语，一起读一遍，一个词语读一遍。

（生读：姿态高雅、食态可掬、通灵之性）

师：不要拖音，语速再快一点。

（生再读）

师：很好。谁能够把这三个词连成一句话，说给我们听听看？把它连起来，说成一句话。

生：绿毛龟不仅食态可掬，而且姿态高雅，并且具有通灵之性。

师："而且"和"并且"意思重复了。你觉得"而且"放在哪里更合适？

生：在通灵之性前面。

师：重新说一遍。

生：绿毛龟姿态高雅……

师：不但……

生：绿毛龟不但姿态高雅，食态可掬，而且具有通灵之性。

师：掌声送给她。（生鼓掌）

师：再热烈一点。知道为什么要给她掌声吗？你来评点。

生：因为她用了关联词，而且说得很通顺，声音也很好。

师：她从多个角度对你的发言作了点评，你也要感谢她。请坐。用上一个关联词就把这句话连在了一起。刚才同学们反复提到了通灵之性是很难得的，所以通灵之性的程度要比前面两个部分程度更高一些。因此，在通灵之性的前面要放一个"而且"，表示意思的递进。请小姑娘把刚才的句子再说一遍。

生：绿毛龟不仅姿态高雅，食态可掬，而且具有通灵之性。

第二板块：初步了解绿毛龟的通灵之性

师：其实作者在课文当中也写了这么一句话，直截了当告诉我们"通灵之性"很难得。看着屏幕，一起读。预备，起。（全班读）

绿毛龟最大的魅力在于它具有通灵之性。

师：这次语速快了一点，我们稍微再快一点。再来一遍，预备起。

（全班再读）

师：作者是怎么写绿毛龟有通灵之性的呢？快速地找一找课文里的相关段落，把描写它有通灵之性的语段找出来。

（全班画句，师巡视）

师：我请这位同学交流一下。

生：我找到了：说也奇怪，喊得多了，它居然会"应"——不是用语言而是用行动。女儿一喊"宝龟"，它便浮游上来，把头伸出水面张望。最初，以为是偶然的契合，可后来次次如此，我们便知道，这龟，的确是具有灵性的。更妙的是，对音乐，它也有同样敏锐的反应。女儿把手提收音机搁在玻璃缸旁边，播放圣诞歌曲《平安夜》给它听。几次以后，当乐声从收音机里流出来时，它就把头伸出水面，轻轻抿着嘴，仿佛在微笑；两颗圆圆的眼珠子，也绽放出柔和的亮光。

师：非常感谢你。这个小姑娘把最后一节都画下来了。确实，最后一小节都写到了它具有通灵之性，我们一起读读看。从"女儿"开始，到"的确是具有灵性的"请男孩子读，"更妙的是"之后的内容请女孩子读。

（男女生合作朗读）

师：你们读得很通顺，但是老师不太满意，因为读书要讲究轻重，读书要讲究停顿。你看，"这龟"只有两个字，后面是什么标点？

生：逗号。

师："逗号"停顿的时间应该长一点。还有，哪些部分应该读得重一些，强调一下？

生：我觉得"的确是具有灵性的"这句话中"灵性"这两个字要读得重一点。

师：可以的。

生："可后来次次如此"，我觉得"次次"要加重，因为它不止一次伸出水面张望。

师：如果换个词语，"次次"可以换成……

生：每次。

生："女儿一喊'宝龟'"，我觉得"宝龟"要读重。

师：显示出喜爱的语气。谁愿意为我们示范朗读一下，就朗读"更妙"之前的句子。

生：……女儿一喊"宝龟"，它便浮游上来，把头伸出水面张望。最初，以为是偶然的契合，可后来次次如此，我们便知道，这龟，的确是具有灵性的。

师：不错，我们学着他的样子，一起读。

（全班读）

师：给自己掌声，有进步了。

第三板块：概括通灵之性

师：同学们，这么长的一段话，作者是通过几个层次来写它的"通灵之性"的呢？老师给大家一个暗示。（PPT中"更妙的是"为红色字体）你们说是几次？

生：两次。

师：同学们，能不能用简单的话，说一说这两件事情的大致意思。同桌之间商量一下。先说第一次，再说第二次。

（同桌讨论）

生：第一次是……

师：不说第一次，直接说那件事。

生：女儿喊"宝龟"，它便会浮游上来，把头伸出水面，四处张望。

师：可以。可是，我觉得你没有留意刚才一些同学的提醒。她说，有一些字词要读得重一些，那些重一些的字词应该是很重要的，如果你能把重要的词语放进去，这个概括就更漂亮了。

生：女儿一喊"宝龟"，它就浮游上来，把头伸出水面。

师：可以，他加了"一喊……就……"。可惜，你还没有把刚才那位同学提醒的词放进去。如果把那个词放进去，那就更好了，谁会放？

生：女儿每次一喊"宝龟"，它便浮游上来，把头浮出水面。

师：老师给你一个提示，"女儿每次只要一喊'宝龟'，它就……"，再来。

生：女儿每次只要一喊"宝龟"，它就把头伸出水面。

师：一喊宝龟就伸出水面说明速度快，反应灵敏。"每次，次次"说明一直是这样的。这就说明它真的有通灵之性。所以，这样的词能省略吗？

生：不能。

师：不能省略。那么，第二件事情，谁能够学着这个样子来说说？第二件事情比较长，你来试试看。

生：更妙的是，对音乐，它有同样敏锐的反应。

师：没了？（生点头）

师：刚才有同学已经示范了。她说，要加个"一……就"和"每次"，这样说就能够说清楚了。

生：女儿一把手提收音机搁在玻璃缸旁，乌龟就……伸出……

师：有反应了？是吗？

生：是。

师：这真是一只神龟，不是一只通灵之性的龟。为什么呢？女儿把收音机放在鱼缸旁边，开关都不按，一点声音都没有，乌龟就把头探出来，有反应了。这太神奇了。你想改一改吗？

生：女儿一打开收音机，播放音乐，乌龟就探出脑袋……

师：说下去。

生：乌龟就探出脑袋，仿佛在微笑。

师：他还没有把"每次"放进去或者把"次次"放进去。

生：女儿每次把手提收音机搁在玻璃缸的旁边，播放圣诞歌曲《平安夜》给它听，乌龟就会把头伸出水面。

师：说得真好啊。

生：每次女儿一把手提收音机搁在玻璃缸旁边，播放音乐，绿毛龟就会把头伸出水面，仿佛在微笑。

师：说得真好。给刚才发言的同学掌声，热烈一点。同学们，绿毛龟如此有灵性，一起读，预备，起。（出示，全班读）

……两颗圆圆的眼珠子，也绽放出柔和的亮光。

师：可是，它刚刚来我们家的时候，眼睛是这样的，一起读……

生：……两只小如绿豆的眼睛，只怯生生地看了我一眼……

师：你们也读得怯生生的。

第四板块：理解通灵之性的来历

师：那么这样的情况，怎么会出现呢？怎么就变得有灵性呢？连作者也不知道，她说"说也奇怪"，不过，朱老师觉得，一点儿也不奇怪。为什么？看，讲灵性的句子前面有这么一句话——（出示）"……上学时，绝不忘与它道别；放学回家，又去向它打招呼"。看屏幕，老师要变了。看好，变！（出示）

上学时，绝不忘与它道别："_____。"
放学回家，又去向它打招呼："_____。"

师：上学时，你会和它道别吗？

生：宝龟，我要去上学了，再见。

师：说得真好。

生：宝龟，我要去上学了，晚上见。

师：看，有称呼的，就好像把它当作家里人一样，好像在对妈妈说："妈妈，我要去上学了。"

生：上学时，绝不忘与它道别："宝龟，我要去上学了，你要在家好好的，听话。"

师：嗯，我会听话的，谢谢你的提醒。说道别简单，都围绕"道别"来说。打招呼难，谁愿意挑战自己？

生：放学回家，又去向它打招呼："宝龟，我回来了。"

师：就这么简单？真的蛮难的，不过你确实已经打招呼了，就好像回到家，说："爸爸，我回来了。"

生：放学回家，又去向它打招呼："宝龟，宝龟，我回来了，我们一起玩吧！"

师：你看，她说了两次宝龟，真的好像在叫自己的小伙伴一样，太棒了！还有谁愿意说？甚至把课文里的语句也说进去，那就最好了。

生：放学回家，又去向它打招呼："宝龟，你没在家惹事吧！我现在就放《平安夜》给你听。"

师：你有点像老师，先说你有没有犯错，没犯错给你奖励，让你听《平安夜》。你真的把课文里的内容说进去了。

生：宝龟，宝龟，我回来了，有没有想我呀？

师：我很想你哦！所以我头探出来了。

生：宝龟，宝龟，我回来了，饿不饿，我给你吃东西。

师：太好了，我就喜欢吃你喂给我的小鱼小虾。

生：宝龟，你今天在家有没有不听话呀？不然我晚上不给你吃东西。

师：不要这么残忍嘛！我很听话的，真的，不骗你。同学们，现在你们知道了吗？它的"通灵之性"是从哪儿来的？

生：是因为女儿每天早上上学或晚上回来时，都把它当作自己的朋友，跟他讲话。

师：掌声送给他。还有要补充的吗？

（哨子声响起，下课时间到了）

师：好，真遗憾，不能够再补充了。同学们，这篇文章和我们以前读的写动物的文章真的不一样，因为它把人的情感放进去了。以后，我们再遇到类似的文章，就要以人的情感为线索阅读它。既然通灵之性已经写得这么好了，可是为什么作者还要写前面的内容呢？真奇怪。同学们回家思考一下，下课。

《将相和》课堂实录

　　《将相和》是人教版教材五年级第二学期的课文，是根据《史记》中的相关记载改写的历史故事。其中包含了完璧归赵、渑池之会、负荆请罪三个小故事。根据《将相和》所在单元的单元目标，我给这堂课定了三个教学目标。第一，学习生字新词，理解主要内容并叙述出来。第二，通过细节描写感受人物形象。第三，辨析原文与课文的区别，感受阅读原文的趣味。

　　理解课文主要内容并且归纳出来是小学阅读教学中的重点和难点。归纳能力的练习应该贯穿在低中高三个阶段。高年级学生的思维能力有所提高，但不能就此认为每个孩子都能轻而易举地说出故事大意。对于尚未熟练掌握该项技能的孩子，还是要设计相应的教学活动，使其得到实实在在的体验和操练。为此，我设计了"归纳小标题—针对小标题提问—梳理规律—归纳故事大意"等教学环节，让学生自主发现归纳故事梗概的方法，并运用之。

　　指导学生体会人物形象最忌泛泛而谈，我将比较句子当作切入口。先请学生比较描写廉颇和蔺相如的句子，利用关键词感受两人的特点。再通过比较蔺相如面对秦王和面对廉颇的句子，以及相关的口语交际练习，深化对蔺相如的了解。最后让学生自主比较、分析描写廉颇的句子，巩固习得的体会人物形象的阅读方法。

　　对于五年级的孩子自然不能要求其读《史记》原文，但由于原文中有些内

容优于课文，所以还是很值得推荐给学生，在其幼小的心田里埋下一颗种子，待其长大也许就能开出花结出果。推荐原文时，我依然从体会人物形象这个点入手，用的方法还是句子比较，让学生对蔺相如更为了解。

本课的核心教学内容是练习归纳能力和学会通过比较词句体会人物形象，为此我设计了相应的教学活动，有新授、巩固以及反馈等环节，教学中将引导学生参与其中，使其在读懂故事的同时，掌握好相应的语文知识和能力。

课堂实录

第一板块：梳理文章，练习归纳

师：今天我们学习一篇新课文，题目是《将相和》。大家已经读过课文，文中的将和相分别指谁？

生：将指的是廉颇，相指的是蔺相如。

（教师板书"廉"和"蔺"，讲解容易写错的笔画）

师：《将相和》是一个大故事，里面包含了三个小故事。第一个故事是什么？

生：完璧归赵。

师：第二个故事呢？

生：渑池会上。

师：你也用了四个字，很好。还有其他说法吗？

生：渑池之会。

师：你的说法更好，加上一个"之"字让我们感受到这是一个古代的故事。第三个故事是什么？

生：负荆请罪。

（教师依次板书小标题）

师：能不能针对完璧归赵提几个问题？

生：为什么要把和氏璧还给赵国？

生：谁让和氏璧回到了赵国？

生：和氏璧如何回到赵国？

生：和氏璧怎么会送到秦国去的？

（教师随机板书：谁、如何做、结果、原因）

师：我们学着刚才的样子再针对渑池之会提问。

生：谁和谁相会？

生：相会时做了些什么？

生：为什么会在渑池相会？

生：渑池相会的结果是什么？

师：针对第三个故事可以怎么问？

生：谁负荆请罪？

生：在哪里请罪？

生：请什么罪？

生：如何请罪？

生：请罪的结果是什么？

（教师随机板书：谁做了什么、结果、原因，谁如何请罪、结果、原因、地点）

师：请大家观察板书，说说你发现了什么。

生：每组问题中都有人物，都有原因，都有结果。

师：是的。所以当你在归纳一个故事的大致内容时可以从以上几个角度思考，组织语句。接下来，请大家从三个故事中选择一个，同桌合作将其大意写下来。

（学生练习）

生：我写的负荆请罪的故事。廉颇觉得自己为了争一口气，不顾国家利益很不应该，所以背着荆条到蔺相如家里请罪。最后他们成为了好朋友。

师：如果你能把廉颇怎么会认识到自己的错误也写出来，就更好了。

生：蔺相如的话传到了廉颇的耳朵里，廉颇觉得自己不顾国家的利益是不对的，于是背着荆条来到蔺相如的面前请罪，最后他们成了好朋友，齐心协力保卫赵国。

师：蔺相如到底说了什么话呢？

生：廉颇因为职位比蔺相如低，所以不服气，要和蔺相如作对。而蔺相如说，不能因为私人恩怨影响国家利益。后来廉颇觉得自己做错了，就到蔺相如家负荆请罪。

师：请大家把掌声送给这位同学。

（全班鼓掌）

师：大家知道为什么要为他鼓掌吗？

生：因为他把故事的前因后果还有过程都交代得很清楚。

师：谁来交流完璧归赵的故事大意？

生：蔺相如奉赵王之命带着和氏璧来到秦国，但是他看出秦王没有用璧换城的诚意，于是用自己的机智保住了和氏璧，也保住了自己的生命。

师：掌声送给这位同学。哪位同学来交流渑池之会的大意？

生：秦王约赵王在渑池相会。秦王为了羞辱赵王，叫赵王鼓瑟，蔺相如为了挽回赵王的面子，逼秦王为赵王击缶。结果秦王没有占到便宜。

师：刚才发言的几位同学都能利用我们讲过的方法，将故事大意归纳得非常好。让我们再次走进课文，进一步了解蔺相如和廉颇的特点。

第二板块：比较句子，感受人物

（学生朗读句子）

廉颇很不服气，他对别人说："我廉颇攻无不克，战无不胜，立下许多大功。他蔺相如有什么能耐，就靠一张嘴，反而爬到我头上去了。我碰见他，得给他个下不了台！"

师：从这段话中，你觉得廉颇是怎样的人？

生：廉颇对自己很自信。

生：廉颇争强好胜。

生：廉颇有些小气。

师：大家是怎么得出这些结论的？

生：我从"很不服气"这个词中感受到廉颇好胜心强。

师：你依据文中字词谈感受，真不错。

生：我从"战无不胜"这个词语中感觉到廉颇有些骄傲自大。

生：我从"他蔺相如有什么能耐"中的"他"感受到廉颇的争强好胜。

师：你对语言真敏感。这句话中多一个"他"和少一个"他"，读出来效果完全不一样。

（教师范读，学生比较）

师：类似的不起眼的字还有，请大家关注这个"爬"字。从这个字里，你们能感受到什么？

生：可以感受到廉颇的不屑。

师：是啊，蔺相如出身卑微，廉颇很瞧不起他。让我们带着这些阅读体会再读句子。

（生朗读）

师：请大家再读描写蔺相如的句子——

这话传到了蔺相如耳朵里，蔺相如就请病假不上朝，免得跟廉颇见面。

（生朗读）

生：因为廉颇的话要读出不服气，所以读得响。蔺相如不愿意和廉颇发生冲突，所以要读得轻一点。

师：从这句话中，你能感受到蔺相如的什么特点？

生：我觉得蔺相如有些胆小，竟然为了不和廉颇见面而不上朝。

师：你的感觉很对。蔺相如不仅不敢上朝，他还怎么做？再读下面的句子——

有一天，蔺相如坐车出去，远远看见廉颇骑着高头大马过来了，他赶紧叫车夫把车往回赶。

师：从句中找出描写蔺相如胆小的词语。

生：我从"远远"中感觉，两个人离得很远时，蔺相如就已经害怕了。我从"赶紧"中感受到蔺相如当时很紧张。

师：你分析得真清晰。所以我们在读文章的时候要特别注意这些细节描写，因为它们能将人物特点表达出来。

蔺相如真的是一个胆小的人吗？请大家读句子——

他理直气壮地说："我看您并不想交付十五座城。现在璧在我手里，您要是强逼我，我的脑袋和璧就一块儿撞碎在这柱子上！"

师：这话是对秦王说的，秦国当时是个大国，而蔺相如只是赵国的一个小官。他居然敢这样对秦王说话，说明他的胆子并不小。再请大家读句子——

蔺相如说："您现在离我只有五步远。您不答应，我就跟您拼了！"

师：从这句话中你能感觉到蔺相如胆小吗？

生：不能。

师：非但不能，还能感觉到他的胆子——

生：很大。

师：甚至连——

生：死都不怕。

师：再次读这些句子。

（生朗读）

师：作者先是写蔺相如胆子大，后来又写他胆子小。蔺相如到底是胆大还是胆小？

生：我觉得蔺相如胆子很大。

师：下面我来扮演蔺相如手下的小官，请同学来扮演蔺相如，解释一下胆大胆小的问题。

（随机挑选学生）

师：蔺大人，你连秦王都不怕，怎么现在会这样怕廉颇呢？

生：秦王我都不怕，会怕廉将军吗？大家知道，秦王不敢进攻我们赵国，就因为武有廉颇，文有蔺相如。如果我们俩闹不和，就会削弱赵国的力量，秦国必然乘机来打我们。我所以避着廉将军，为的是我们赵国啊！

师：你太厉害了，用课文中的句子就解答了疑问。通过比较句子，我们对蔺相如有了更清楚的了解。请大家再找出一些前后对比的句子，分析一下廉颇的特点。

（生找句子）

生：我找到了"廉颇静下心来想了想，觉得自己为了争一口气，就不顾国家的利益，真不应该。于是，他脱下战袍，背上荆条，到蔺相如门上请罪"和"我廉颇攻无不克，战无不胜，立下许多大功。他蔺相如有什么能耐，就靠一张嘴，反而爬到我头上去了。我碰见他，得给他个下不了台！"前面一句写出了廉颇觉得自己错了，后面一句写廉颇高傲。

师：如果能按照句子在文中出现的顺序来分析，会更好。

生："我廉颇攻无不克"这句话写出了廉颇一开始自大好胜的一面。而后面的句子则让我们感受到他知错能改。

师：你分析得真棒。通过比较句子，我们对廉颇和蔺相如有了更真切的感受，感受到一个人物身上存在着多种特点。

再请大家读句子——

赵王封蔺相如为上卿，职位比廉颇高。

廉颇很不服气。

师：能否用关联词将这两句话连接起来？

生：因为赵王封蔺相如为上卿，职位比廉颇高，所以廉颇很不服气。

师：课后有道习题问我们三个故事是什么关系，现在你们看得出第二个故事和第三个故事之间的关系了吗？

生：是因果关系。

师：因为蔺相如立功被封赏，所以引起了廉颇的妒忌。所以第一第二个故事和第三个故事形成了因果关系，正是有了这层关系，三个故事也就能合在一篇文章中。这些结论都是我们通过仔细品读句子得到的。可见，抓住关键词读懂句子是阅读的一个好方法。

第三板块：比较原文，拓展视野

师：我还找到了这三个故事的原文，选了一段给大家看看：

蔺相如前曰："赵王窃闻秦王善为秦声，请奏盆缻秦王，以相娱乐！"秦王怒，不许。于是相如前进缻，因跪请秦王。秦王不肯击缻。相如曰："五步之内，相如请得以颈血溅大王矣！"左右欲刃相如，相如张目叱之，左右皆靡。于是秦王不怿，为一击缶。

（生结合注释自学）

师：这段话与哪段话相对应？

（交流，出示相应课文）

师：原文比课文多出了什么内容？

生：多了"左右欲刃相如"。

师：这句话是什么意思？

生：就是说旁边的卫士要杀蔺相如。

生：还多了"左右皆靡"。

师：请解释一下。

生：旁边的卫士都退下了。

师：为什么会退下？

生：因为他们被蔺相如无畏的样子震慑住了。

师："相如张目叱之"就是这个意思。可见，原文写得更为细致精彩。司马迁还说："相如一奋其气，威信敌国，退而让颇，名重泰山，其处智勇，可谓兼之矣！"如果大家有兴趣，以后可以买王伯祥先生注译的《史记选》来读。

最后留两项作业给大家，同学们可以从中挑选一个来完成。

作业（二选一）：

1. 引用文中语句或依据资料写一段话，从智和勇两个角度分析一下蔺相如，写出自己的感受。

2. 引用文中语句或依据资料写一段话，从不同的角度分析一下廉颇，写出自己的感受。

师：下课。

附:

简洁而灵动 巧妙而适度
——评朱煜老师《将相和》一课

谢江峰

《将相和》是小学语文教材中的经典课文，它是根据《史记》中的相关记载改写的历史故事，由"完璧归赵""渑池之会""负荆请罪"三个小故事组成，故事环环相扣，人物个性突出，形象鲜明。朱煜老师执教本课时，对教材进行了大胆的裁剪，教学设计充满新意，看后颇耐人寻味。

一、大道至简，教学明快、灵动

纵观整节课的教学，可以用"大道至简"四个字概括。首先，整节课的教学环节不多，朱老师用三个板块完成了这篇课文的教学，一梳理文章，练习归纳；二比较句子，感受人物；三比较原文，拓展视野。三个板块的教学由浅入深，从最基本的读懂课文内容，整体了解课文大意，概括文章主要内容入手，然后逐步深入，在语言文字的学习感悟中体会人物的特点，并始终围绕"语言文字"，进行有的放矢的训练。

很多老师教《将相和》一课，总是围绕三个故事逐一讲述，逐一分析，而朱老师这一课的教学摒弃了这些繁琐的人物分析，没有就一事、一句、一词进行琐碎而概念化的讲解，也没有在人物形象上作标签式的解读，而是将课文作为一个整体，抓住人物言行，引导学生走进人物的内心，"你觉得廉颇是怎样的人？""大家是怎么得出这些结论的？"……让学生从扁平式的认识中走出来，从课文中寻找依据，从语言文字中找到理由，从而近距离地感受人物的特点。

二、寻找规律，引导学生习得学法

朱老师在教学本课时善于让学生发现规律、总结学法，让教学走进真正有意义的境地。比如学习概括课文主要内容，朱老师设计了"归纳小标题—针对小标题提问—梳理规律—归纳故事大意"等教学环节。首先在预习的基础上让学生归纳这三个故事的小标题，一般的教学也就此打住，以为学生都能概括课文的大意了，但朱老师没有浅尝辄止，而是让学生针对小标题提问，在学生提问的基础上板书"谁、如何做、结果、原因"等词语，引导学生从泛泛的无意识的提问中寻找规律，最终得出归纳一个故事内容的大致方法。

品味人物的性格、特点时，朱老师启发学生依据文中的字词谈感受，他或鼓励学生"你对语言真敏感"，或直接抛出问题，或启发学生深入思考，其目的在于教给学生学习此类课文的方法，即抓住关键词语，特别注意细节描写，是阅读的好方法。

三、巧用对比，深入体会人物形象

在本课教学策略的选择上，朱老师用"对比"贯穿全课，在句子的比较中体会人物形象，感知人物特点。首先是蔺相如和廉颇之间的对比，学生从字里行间读出了廉颇的"争强好胜""骄傲自大"，而和廉颇相比，蔺相如颇有些"胆小"。其次是蔺相如和秦王的比较，看起来有些"胆小"的蔺相如却是连死都不怕。课堂上，学生通过读书、讨论、交流、表演等方式，在句子的比较中体会人物形象，人物的特点也真正从字面上跳了出来。

更为难能可贵的是，朱老师安排学生运用"对比句子"的方法自己学习，找到前后对比的句子，分析描写廉颇的句子，巩固习得的体会人物形象的阅读方法。学生从"我廉颇攻无不克，战无不胜，立下许多大功。他蔺相如有什么能耐，就靠一张嘴，反而爬到我头上去了。我碰见他，得给他个下不了台！"和"廉颇静下心来想了想，觉得自己为了争一口气，就不顾国家的利益，真不应该。于是，他脱下战袍，背上荆条，到蔺相如门上请罪"这两个句子的对比中体会到了廉颇之前的狭隘和之后的知错就改。

四、适度拓展，提高学生鉴赏能力

最后，朱老师出示了"完璧归赵"这个故事的原文，要求学生在读懂的基础上，找出"原文比课文多出了什么内容"，从而进一步体会故事的生动性，蔺相如这一人物形象也深深地刻在学生的心上，进而提高了学生的鉴赏能力。

朱煜老师执教的《将相和》一课，以归纳课文主要内容和学习通过比较句子体会人物形象为核心内容，教学环节简洁，教学方法灵活，教学效果明显，不失为阅读教学的又一成功之作。

《半截蜡烛》课堂实录

　　《半截蜡烛》是沪教版教材五年级第二学期的一篇课文。讲的是伯诺德夫人一家三口在德国鬼子面前机智沉着地保护藏有秘密情报的蜡烛的故事。根据课后习题中的要求，以概括文章内容为主要教学目标，依旧用由扶到放的方法，实施教学，并穿插字词的品味。最后画出情节折线图，引导学生理解文章谋篇布局的好处。

课堂实录

第一板块：复现字词，掌握音形义

　　师：在预习的过程当中，你发现有哪些字容易读错写错，能不能跟我们分享一下？

　　生：我觉得"杰奎琳"，那个"奎"可能会有一点难，还有那个"摇曳"。

　　师："杰奎琳"的"奎"这个字，我们第一次遇见，要注意字音。"摇曳"的"曳"字形比较容易错，对吗？请你带着我们读一读这两个词语。

　　（生领读，众生跟读，师提醒不拖音）

　　生："厉声喝（hè）道"，"喝（hè）"有可能读成"喝（hē）"，其实这个词念"厉声喝（hè）道"。

师：给我们提醒了一个多音字，很好。

生："半截蜡烛"的"截"，它下面不是"住"，而是"淮南"的"淮"去掉三点水旁。

师：这个字念"隹（zhuī）"。古人把长尾巴的鸟统称叫作"鸟"，把短尾巴的鸟统称叫作"隹（zhuī）"。同学们从字音字形上给我们作分享。五年级的同学就应该从音、形、义三个角度自学字词。

[赏析：为了让学生尽早实现自主阅读，在沪教版教材中，一至三年级要学完小学阶段所有的生字。四年级和五年级（上海的小学为五年制）课本上是没有生字的。这堂课完全按沪教版的路子来，没有生字教学，只通过生与生互相分享、互相提醒的形式复现一些字词识记的难点。值得称赞的是教师的理答，无一不是对学生发言内容的提升、归纳或补充。在教师的引导下，字词复习的重点清晰地指向音、形、义三个方面。]

第二板块：整体感知，了解人物、聚焦冲突

师："杰奎琳"是这个故事中的一个人物。（板书：杰奎琳）除了这个人物，还有哪些人物？

[赏析：由同学提到的"杰奎琳"，自然过渡到故事中的人物。本课中教师所有的过渡都设计得精巧妥帖，不妨由此开始关注。]

生：还有杰克、伯诺德夫人，三个德国军官。

师：（板书：伯诺德夫人、杰克）哪位同学能够将这三个人物连成一句话说出来，让我们一听就明白了他们三个人之间的关系。

生：伯诺德夫人有一个儿子，名叫杰克，还有一个女儿，名叫杰奎琳。

师：讲得真好，掌声送给她。如果声音再响一点那就更好了。

生：杰克和杰奎琳是伯诺德夫人的儿女。

师：一个意思多元的说法，还有——

生：伯诺德夫人有两个孩子，一个是儿子杰克，一个是女儿杰奎琳。

师：几乎是用了先概括、后具体。

[赏析：练习表达的第一处设计。"将这三个人物连成一句话说出来，让我们

一听就明白了他们三个人之间的关系"，通过说话训练梳理人物关系，练习使用不同句式表达同一意思。教师的理答语仍然兼具评价与引导两层意义。]

师：同学们，听了刚才这几位同学说的句子，你有没有发现这个家庭和一般的家庭有什么不一样？

生：我发现这个家庭里面只有母亲和两个孩子，没有父亲。

师：真会发现。那时第二次世界大战刚刚爆发，德国军队入侵了法国，侵占了他们大片国土。很多法国男人不愿意做亡国奴，纷纷拿起武器走上了抗击侵略者的前线。妇女和儿童也不愿做亡国奴，她们留在家里做一些秘密的传递情报的工作。伯诺德夫人一家就做这样的工作。她们的家就是一个地下通讯站。为了保护好秘密情报，伯诺德夫人想出了一个绝妙的主意。什么叫"绝妙"？

[赏析：梳理人物关系，介绍故事背景，引入故事情节，聚焦戏剧冲突，皆由"你有没有发现这个家庭和一般的家庭有什么不一样？"这一个问题引出，绝妙的设计。]

生：就是几乎不可能被人发现，非常好。

师：这个同学是联系了上下文来理解的，他用到了一个"几乎"，这个词语用得好。

生：绝对的奇妙。

师：你是用拆字组词的方法理解一个词语。请同学们把绝妙的主意的具体内容画下来。

（生按要求找画句子）

[赏析："联系上下文理解""用拆字组词的方法理解词语"，教师的学法指导又是通过理答顺手牵羊式完成的。]

生：我画的是："把装着情报的小金属管藏在半截蜡烛中，然后把它插在一个烛台上，由于蜡烛摆在显眼的桌子上，反倒骗过了前来搜查的德军。"

师：她不仅画出了主意的内容，还画出了——

生：我觉得她画出了这个方法妙在哪。

师：如果这个主意用一句大白话来说，那就是——

生：最危险的地方就是最安全的地方。

师：这真是一个绝妙的主意。不过老师却要说这又不是一个绝妙的主意。你觉得会有什么问题？

[赏析：此处的过渡语不仅有对"上文"的总结，而且出现了理解的"突转"。似小说情节的忽然转折，教师通过有效的问题，引导学生的思维转向另一方面。]

生：把情报藏在蜡烛里面，蜡烛是常用的，德军很容易用到它。

师：万一有德国人走进了他们的家，而且是晚上，那么这支蜡烛就太容易被点燃了。是的，有一天晚上，真的发生了这样的事情——三个德国军官来到了他们家，于是蜡烛被点燃了。此时，一家三口都要想办法保护蜡烛。同学们，轻声地把课文的第三自然段读一读，那里写的就是伯诺德夫人想办法。

（生默读课文第三自然段）

[赏析："万一有德国人走进了他们的家，而且是晚上，那么这支蜡烛就太容易被点燃了。是的，有一天晚上，真的发生了这样的事情——"下文的引入水到渠成，顺滑无迹。

回看这一板块，属于整体感知的环节。在师生的对答中，故事的人物、背景、事件以及情节的关键冲突点一一呈现。]

第三板块：擦亮语言，在字里行间品读

（生齐读第三自然段）

师：读课文时我们要特别注意一些特殊的句子。什么是特别的句子呢？那些句子里，有的时候会出现相同的词语，找找看有没有这样的句子呀。

[赏析：又是承上启下的转折，引导学生发现"特别"的句子。]

生：我找到的是："伯诺德夫人知道，万一蜡烛燃烧到金属管处就会自动熄灭，秘密就会暴露，情报站就会遭到破坏，同时也意味着他们一家三口生命的结束。"

师：把三个"就会"圈出来。这个同学不仅找到了，而且他刚才已经读好了。谁告诉我他朗读的优点在哪里？（问一生）请你来表扬他。

生：他在读这个句子的时候有的地方有重音。

师：哪个地方有重音？

生：就会。

师：反复强调"就会……就会……就会……"我们学着这位同学的样子把

这句话读一读，预备起。

（生齐读句子）

师：你从这个句子当中能感受到什么呢？

生：我能感受到蜡烛和金属管对情报站以及伯诺德夫人一家三口生命的重要性。

生：现在这个时刻非常危险。

师：情况非常紧急，再读一次，预备起——

（生齐读句子）

师：既然"就会"这么好，我把这句子改一改，改成："伯诺德夫人知道，万一蜡烛燃烧到金属管处就会自动熄灭，秘密就会暴露，情报站就会遭到破坏，他们一家三口的生命就会结束。"我加了一个"就会"，四个"就会"。你们觉得怎么样？

[赏析：顺承与突转。观课至此，您一定惊讶于执教者高超的教学设计本领以及强大的课堂叙事能力。他善于在关键处设问，且问必连环。]

生：我觉得不好。因为您说了四个"就会"反而有点重复的感觉。

师：中国人讲过一过二不过三。

生：我觉得前面三个"就会"是他们一家三口生命结束的原因，而他们一家三口生命结束就是结果，如果再用上"就会"，我觉得不太通顺。

师：你是从句子的通顺角度来理解说感受的。为什么不可以用第四个"就会"呢？蜡烛燃烧到金属管处，它直接导致的结果就会出现了，秘密马上就暴露了，秘密一暴露情报站马上就会遭到破坏。但是情报站遭到破坏之后，他们三个人的生命是不是会马上就结束呢？德国人发现了情报，就掏出手枪对着母子三个"叭、叭、叭"，母子三人应声倒地，壮烈牺牲。会这样吗？

生：我觉得德国人不会一下子把他们三个都杀死，他们可能会严刑拷问，拷问出许多有用的情报来。

师：讲得好！母子三人的生命不会随着前面三个条件而结束，所以，第四个"就会"不能用。

[赏析：顺水推舟式的对比——既然"就会"这么好，我把这句子改一改，改成四个"就会"好不好？通过心理学中的"试误"，让学生深入理解"就会"的意思，并感受原文用词的准确。]

师：我们刚才感受到了情况的危急，我们还可以从这个小节当中感受到伯诺德夫人的镇定。自己读读看，在这个小节里，再找一两句话出来，来感受一下，哪些词写出了她的镇定？

生：我找出了两个词，一个是"急忙"，还有一个是"轻轻"。她是急忙从厨房里取出一盏油灯，并没有慌乱，然后她轻轻把蜡烛吹熄，并没有很紧张。

师：如果老师把这句子改成——"她看着两个脸色苍白的孩子，轻轻地从厨房里取出一盏灯放在桌上：'瞧，先生们，这盏灯亮些。'说着急忙把蜡烛吹熄"，可以吗？

[赏析：第二次"试误"，第二次比较品读。]

生：我觉得如果她是很着急地直接把蜡烛吹熄很容易暴露。

师：拿的时候稍微急一点，吹的时候稍微轻松一点，不要让别人看出破绽。找到了两个很好的词，还有吗？还有一些词也是可以感受到当时环境的紧张和她的镇定。

生：我找到的是"苍白"。

师："苍白"说明什么？

生：说明当时他们一家三口感觉到了情况的危急。

师：读文章读句子就应该这样，从词读进去。

生：我觉得还有"瞧，先生们，这盏灯亮些"。这个"瞧"，可以表现出伯诺德夫人的镇定。

师：这个"瞧"字，只有你注意到了，我要让你教会大家为什么从这个字看出镇定。

（一生扮演伯诺德夫人，一生扮演蜡烛，教师扮演油灯，合作表演，趣味横生。）

师：老师对你的表演比较满意，如果你加个动作就更好了，你想一下做个什么动作，就把"瞧"这个字说清楚，说明白了。让我们换一个同学来，（指一女生）这次伯诺德夫人由女同学来，（对另一生）辛苦你继续做蜡烛啊。好，取灯。

生：（将灯取出，指着油灯）瞧，先生们，这盏灯亮些，可以把这个昏暗的小蜡烛熄了。（吹熄蜡烛）

师：你们看，她做了一个动作，什么动作啊？

生：我把灯给大家看了一下。（指着油灯）瞧，先生们，这盏灯亮些，可以把这个昏暗的小蜡烛熄了。

师：做这个动作有什么意图呢？

生：我想让大家看到这盏灯比蜡烛更亮些，转移大家的视线。

师：吸引别人的注意力，转移别人的视线。可见伯诺德夫人的镇定。（生齐读该句）

[赏析：运用表演，对于一篇故事性强的文章，大多数老师都能想到这样的方法。独到的是表演的角色设计。一位同学扮演关键人物，而另一位同学与老师则分别扮演蜡烛与油灯，妙趣横生。表演是综合的艺术，但在这里，执教者的训练重心仍在品味词语上。]

师：刚才我们已经理解了那些重要的词语，在这些重要的词语当中，同学们既发现了情况的危急，也发现了伯诺德夫人的镇定。她镇定地取出油灯，吹熄了蜡烛。（板书：取出、吹熄）同学们，现在谁能够看着黑板上的这些提示来说一说伯诺德夫人想出了什么办法来保护蜡烛？

生：伯诺德夫人以油灯代替蜡烛来转移别人的注意力，使秘密不会暴露。

师：好像没能够说出最后的结果。

生：伯诺德夫人取出油灯取代了蜡烛，然后吹熄了蜡烛。

师：她成功了吗？

生：伯诺德夫人为了不让蜡烛里的情报暴露，取出了一盏更亮的油灯来吸引德国军官的注意。

师：最后——

生：最后德国军官还是重新点燃了蜡烛。

师：对，这么说就可以了。

生：伯诺德夫人从厨房中不慌不忙取出油灯点燃，把蜡烛吹熄，可是最后蜡烛还是被点燃了。

师：掌声送给刚才这些同学，真是越说就好了。

[赏析：这一板块是教与学的重点。

《半截蜡烛》在沪教版教材中出现在五年级下册第四单元，在朱煜老师单元整体教学的设计体系中，它被定位为精读篇目。在确定精读篇目上，朱老师有自己的标准：1.能凸显单元目标。2.适合儿童的。3.语言典雅规范。与人教版

《半截蜡烛》戏剧的形式不同，沪教版中的《半截蜡烛》是以短篇小说的形式出现的，情节跌宕起伏，语言准确生动，适合孩子细读学习。

这一单元的导语中对这一组课文提出的学习要求是："仔细阅读课文，学习品味语句，在字里行间体会那深深的爱国情怀。"在这一板块的教学中，执教者没有空泛地提出语言描写、动作描写的概念，而是抓住重点段落，运用设问、引导、对话、对比、表演等各种方法引导学生在字里行间品味语句，感受词语背后人物的情感，领会词语表达的精确妥帖。正是"一字未宜忽，语语悟其神"。

若论定位，此板块属于精讲课文里的重点段。于是，执教者在此处做足功夫。]

第四板块：运用操练，由扶到放

师：同学们，接下来我们进行同桌的合作学习。第一个任务，说出杰克想出了什么办法保护这支蜡烛。第二个任务，找出那些可以感受到当时情况危急以及他们这家人镇定的字词。在交流的时候，一个同学说杰克想出的办法，一个同学说什么词语表明他的镇定，表明情况危急。

（生按要求同桌合作学习）

[赏析：这一课，教师引导学生学习的重点集中地表现在两个方面：一是品字、品词、品句，二是归纳概括。这是单元学习的要求，也是高段学生学习的重点。教师带领学生一起品读了"伯诺德夫人"一段，现在，让生生合作，品读概括"杰克"一段。]

生：我们找到的词语是"慢慢""从容"和"默默"。因为"慢慢"可以体现他不慌张。"从容"说明杰克很镇定，好像什么事都没发生。

生：我画出了体现情况危急的词语，比如"烛焰摇曳，发出微弱的光"，还有"蜡烛越烧越短"，"伯诺德夫人的心提到了嗓子眼儿上"。蜡烛越烧越短，说明情况十分紧急。

生：杰克以去柴房搬柴生火为借口，想保护住蜡烛，但最后还是被德国军官给截住了。

师：掌声送给她！她用了"以……为借口"的句式，一下子把这句话说清楚了！老师再写两个词提示同学们一下。（板书：端起、夺回）

[赏析：放手并非不管，该出手时就出手。]

师：再请一个同学来归纳杰克想出的办法。

生：杰克以天冷去柴房搬些柴为理由，顺手把蜡烛端走，可是德国军官又把蜡烛夺回去了。

[赏析：一堂精读课要在课堂上让学生运用学过的方法进行语文实践，语文课实际上叫作言语活动课、言语实践课。在这一段，孩子们牛刀小试，生生合作，品味词语，概括方法。

朱煜老师曾将他的"小学语文单元整合教学"的课型及作用定义如下：

精读课——讲授单元核心知识点，训练单元核心能力点；略读课——巩固单元核心知识点和能力点；练习课——操练单元核心知识点和能力点；作文课——运用单元中的核心表达形式训练口头及书面表达能力；综合课——开展与单元目标相结合的语文实践活动。

一个单元的学习序列是讲授、巩固、练习、运用、综合。其实一堂课也是如此。细细品读着这堂精读课，何尝不是包含了讲授、巩固、练习、运用、综合？一粒沙中自有世界，一瓣花上可说人情。]

第五板块：练习巩固，总结点题

师：同学们，学到这里，谁能够一口气就说出小女儿想出来的办法。

[赏析：一起学习母亲的方法、合作学习儿子的方法，现在"一口气就说出小女儿想出来的办法"。我们常常讨论如何给孩子提供支架，帮助他们摘果子。其实，我们还要学会一步一步撤支架，让他们独立摘果子。]

生：杰奎琳以上楼睡觉为理由，把蜡烛拿走了，她淡定从容的语言使军官回想起了自己可爱的小女儿，这是一个特别恰当的理由，最后杰奎琳把蜡烛保住了。

师：谁能说得更简洁些？

生：杰奎琳以上楼睡觉为借口保住了蜡烛。

师：找到杰奎琳的一个动作，书上写的是什么呀？

生：端。

师：（板书：端）好，蜡烛在什么时候熄灭了呀？

生：在杰奎琳踏上最后一级台阶的时候熄灭了。（师板书：熄灭）

[赏析：叶圣陶先生倡导语文学习的"自求得之"。他说："教师当然须教，而尤宜致力于导。导者多方设法，使学生逐渐能自求得之。卒底于不待教师教授之谓也。""比如扶孩子走路，要小心扶持，而时时不忘放手也。"在本节课中，我们清楚地看到教师由导到扶、由扶到放的过程。同时，也清晰地看到学生言语能力"自求得之"的过程。]

师：同学们，当我们回过头来再看这个板书的时候，我们会发现它其实可以连起来。怎么连？

师：（板书画曲线，呈波浪状边画边讲解）德国军官点燃蜡烛，伯诺德夫人取出油灯吹熄蜡烛，可是蜡烛被重新点燃了。杰克也想了办法，但没有用，蜡烛又被夺回了。于是只能小女儿去想办法了，还好，小女儿的方法成功了。这就叫曲曲折折、跌宕起伏，难怪这个故事如此吸引我们。现在谁能够把三个人想出来的主意连在一起说给我们听？

[赏析：点出文章成功的秘妙——曲折跌宕。现场观课，板书生成性的优势显而易见。

高年级的语文学习要从整体入手，探寻作者的行文思路，感悟作者选材组材和遣词造句的匠心。在此可见一斑。

"把三个人想出来的主意连在一起说给我们听"，说话训练由分到合，难度也在不断加大。]

生：伯诺德夫人拿出一盏油灯把蜡烛吹熄了，结果德国军官又把蜡烛点燃了。杰克想出去拿柴火的主意，端走了蜡烛，结果德国军官又把蜡烛夺回了。最后杰奎琳想出了睡觉的方法，镇定地把蜡烛端起来上楼去了，然后蜡烛保住了。

师：掌声送给他。概括得多好啊！

生：伯诺德夫人从厨房取出一盏油灯吹熄了蜡烛，但是德国军官重新点燃了蜡烛。杰克以去柴房抱柴的理由端起了蜡烛，却被德国军官一把夺回来了。杰奎琳以上楼睡觉的理由拿走了蜡烛，在她踏上最后一级台阶时蜡烛保住了。

师：如果讲杰奎琳的方法时再补充一下德国军官为什么会同意，那就更好了。

生：伯诺德夫人取来油灯吹熄蜡烛，但德国军官又重新点了蜡烛，杰克想以搬柴为理由端走蜡烛，可是又被德国军官一把夺回，最后杰奎琳以装可爱为铺垫（台下大笑），以上楼睡觉为理由拿走了蜡烛，让德国军官回想到自己的女儿，同意了她上楼睡觉，最后她保住了蜡烛。

师：这一家人真是——

生：这一家人真是机智，遇事很冷静。

师：这一家人真是——

生：随机应变。

师：这一家人真是——

生：这一家人真是随机应变，机智勇敢，临危不惧。

师：这一家人真是——

生：这一家人真是爱国。

师：是啊，不爱国怎么会如此机智呢？

老师突然发现这个板书出问题了。你们看，镇定从容都很好，从中可以感受到英雄、爱国。为什么要去写个"苍白"呢？这是不是败笔呢？

［赏析：又是转折。］

生：孩子脸色苍白，认为自己和母亲的生命已经快走到尽头，因此伯诺德夫人才能快速想出办法，并鼓励孩子们想办法保住蜡烛。

师：掌声送给她。（全体鼓掌）原来不是败笔，反而是点睛之笔。

［赏析：曲径通幽。对"苍白"的深入理解，还原了人物真实的心理体验，也显现出作品细微处的精神。］

师：下课！

［赏析：最后一个板块，简单处理了"杰奎琳"的方法。然后点出行文思路，文章章法，并通过"这一家人真是——"的接话训练，总结人物精神，彰显故事内涵。

一节课的教学结束，在此提醒大家一起关注这一课的课后习题。从习题中再来回味执教者的设计思路，有豁然之感。本课阅读训练习题一共有三：

1. 有感情地朗读课文。母子三人为了保护绝密情报各想出了什么办法？你觉得可以用哪些词语来称赞他们？

2. 在熟悉课文的基础上概括文章的主要内容。可以先逐个概括出母子三人各自想出的办法，再连起来说一说。

3. 读下面的句子，注意带点的词语，这些词语能不能去掉?

(1)"瞧，先生们，这盏灯亮些。"说着，轻轻地把蜡烛吹熄。

(2)在斗争的最后时刻，他从容地搬回一捆木柴，生了火，默默地坐着。

(3)杰奎琳镇定地把烛台端起来，向几位军官道过晚安，上楼去了。

不难发现执教者的教学内容其实完全是围绕课后作业展开的! 教学内容、作业、评价三位一体，学生的学习自然轻松且有的放矢。本课设计对新手教师的可学、可借鉴之处首先表现在此。

学习本课的设计，还应注意课堂节奏的掌控。朱光潜先生说:"艺术返照自然，节奏是一切艺术的灵魂。"任何一堂课的成功都是整体的成功，教学流程的起与伏，教学内容的疏与密，教学速度的缓与急，都有通篇的考量，在这个意义上，教学的法儿与做文章的法儿是相通的，一堂好的课，就是一篇文章，就是一个作品。]

（赏析者：林志芳）

附：

缜密舒缓、自然淡远的课堂美学
——朱煜《半截蜡烛》教学设计的美学阐释

林志芳

我是在观朱煜老师《半截蜡烛》一课的现场，第一次想到"教学设计的美学品格"这个概念的。大概是朱老师独特的教学设计启迪了我，我隐约觉得教学设计的研究除了我们惯常讨论的过程与方法，还应该有一个美学的角度。教学设计作为课堂教学实施前的准备，无疑是教师创造性思维参与的过程，也是集中体现教学的科学性与艺术性的过程。教学设计的结果——静态的教案与动态的课堂，在一定意义上讲，就是一个作品。对这一作品的研究，学界惯常是从教育学原理、教育技术或者学习心理学的角度切入的，对教学设计作为人类"设计活动"大家族的一员，其与服装设计、建筑设计等共通的美学特质始终没有引起研究者足够的重视。

在此谈论教学设计的美学品格，不同于语文教育与美育这一话题，也区别于课堂教学风格的研究，它首先从语文教学的文本内容抽身而出，研究的是"怎么教"的问题；其次，它从课堂教学风格的综合性特质中剥离出来，不停留在执教者在课堂教学现场所表现出来的综合性的个性气质，而是由此追溯、还原这个现场背后的设计的力量。事实上，教学设计之美一定是语文教育之美不可或缺的一部分，也是课堂教学风格形成的重要组成。

西方的美学研究与理性研究相对，强调事物带给人们直观的感受与感觉。中国传统的美学研究则属于生命超越的美学，突出作品与创作者、欣赏者生命体验的互通与确证。其实这两种研究的路向并不相左。研究教学设计的美学品格，不妨从直观的感觉与感受出发，走入作品所传递出来的执教者生命的体验。谨以朱煜老师《半截蜡烛》的教学设计为例，尝试这种"灵魂在杰作中的冒险"

（弗朗士）。

在观课现场，我便尝试着还原朱煜老师《半截蜡烛》的教学设计，并揣摩其设计意图。这一课堪称小学语文教学设计的典范之作，其教学目标的确定、教学内容的选择、教学方法的使用、教学节奏的掌控等诸多方面都值得新手教师揣摩、借鉴。其中精妙，在《单元整合教学中的精读课——〈半截蜡烛〉课堂教学实录与评析》一文中，笔者已经以流水品读的形式作了较细致的分析。要论对这个教学设计的直觉感受，我写下的是"缜密舒缓""自然淡远"。

这一课的预设总体是封闭，课路向着既定的目标行进。当然，学生在每一个板块里都有自由的空间，但教学的内容与目标是计划中的。这也是一般意义上教学设计的特征，毕竟，教学是有目的、有计划的活动。相比一般艺术特质强烈的课，这一课没有超逸峻拔的气势、跌宕起伏的环节，课不是大开大合，它的节奏总体是舒缓的，呈自然淡远之态。但设计的"针脚"以细密为主，除了大的教学目标性的学习要求（如品读词语、归纳概括人物想出的方法），课中多数问题都从小角度切入，如前文所述，他善于在关键处设问，且问必连环。这些提问多具教学环节上的承上、启下及触发学生思考等多重作用。过渡时或顺承或突转，或顺成与突转兼具。这些问题设计完成了执教者高超的课堂叙事，其美感似古典窗棂，一格一格，格格见景；又似江南园林，小径通幽。

前面算是勉强解释"缜密舒缓"，接下来谈"自然淡远"。朱煜兄的教学与他的文学创作相仿，含蓄克制，自然淡远，令人想起旧式的文人，疑是故人来。这样的教学旨趣固然与他的阅读偏好、审美品格有关，也与他的师承相通、相连。他应该是接近周作人的，曾见他写到"周氏兄弟是天才型作家，尤其知堂完全到了笔随人意的境界。从家常尺牍中即可见一斑。墨迹留恋处全是思维的涟漪。读这样的尺牍，只有震撼"。书法里的"笔随人意"仿若教学里的"课随人意"，是自然之化境，"墨迹留恋处全是思维的涟漪"，又似教学设计中处处可见的思维力，这力量不是当头一棒式的冲击力，而是圈圈涟漪，淡远悠长，耐人回味。值得注意的是《半截蜡烛》的教学设计里没有"造境"，即使是在面对故事最紧张的情节时，或者是在点名主题升华对人物的理解时，设计者几乎是自觉地与文本保持着一定的距离，使自己（也使学生）不至过于沉浸，他以一种克制的、"冷清"的方式演绎他的课堂叙事，其目的大约是为了保护语文教学对言语表达方式而非内容的重视。这种风格与海派语文的传统相一致，从袁瑢到贾志敏老师，都是类似的路子。倘不作价值判断，不作学科学理分析，谨以审美的态度观照，这样的风格是众多风格中的一种，无关对错，无关高下。毕竟，"美感的世界纯粹是意象世界，超乎利害关系而独立"。

　　冒险即将结束，回看前面的文字，虽然基本写出了我的感受与体验，却对它能否支撑起我所提出的"教学设计的美学品格"这一概念，以及标题中"美学阐释"的字眼完全没有信心。更不知朱煜兄与读者诸君是否愿意认同我对课例这般欣赏与解读的态度。这种态度不是实用的，不是科学的，而是审美的。实用的态度以善为最高目的，科学的态度以真为最高目的，审美的态度以美为最高目的。

《图书馆里的小镜头》课堂实录

《图书馆里的小镜头》是沪教版教材五年级第一学期的一篇课文。全文生动地描写了人们争先恐后地进入图书馆，如饥似渴地读书的情景。全文内容简明易懂，但在表达形式上很有特点。结合单元要求，我将本课的主要教学目标定为：利用矛盾之处质疑。教会学生质疑其实不容易，其本质是教会学生一种思维方式。要让学生学会，就得设置多个教学环节，让学生获得充分的学习经历。在学习质疑的同时，还根据高年级的学习要求组织学生体会作者的行文思路，选材组材的匠心。

课堂实录

第一板块：从整体入手，借助放声思维示范

师：朱老师看书有个特点，总要想想题目和文章有什么关系。有些题目往往就是文章中的某个词、某个句子。《图书馆里的小镜头》这个题目包含在第一小节的句子中。请读第一小节。（生读）

师：朱老师读书还有个习惯，要边读边思考，比如，我刚拿到这篇课文，读第一小节时，我就想：图书馆里的小镜头，又不是公园里的小镜头，也不是

旅游的小镜头，那么平常的图书馆，我们平常都想不出要到图书馆拍照，作者却说他"更偏爱图书馆里一个个小镜头"，为什么？这时，我的脑海中闪现出一个问题：为什么作者偏爱图书馆里的小镜头呢？

[赏析：朱老师以自己良好的读书习惯为例，用语言描述揭示"平常"的图书馆、"却"偏爱图书馆的小镜头这对矛盾，造成学生的认知冲突，促成问题的形成。通过"放声思维"展示好问题提出的思维过程，学生将同步思考，感受好问题产生的全过程，初步感受在矛盾处提问题这一阅读策略。]

师：朱老师读书还有个习惯，读读开头，读读结尾，朱老师读了结尾，又发现了问题，不知道你们有没有发现。

生：（齐读最后一小节）我没有打扰任何人，悄声无息地离开了图书馆。但这生活中的小镜头，我却怎么也忘不了。它似乎告诉了我什么，到底是什么呢？（屏幕同时呈现文字）

师："悄声无息"是什么意思？

生：一点声音都没有，连呼吸的声音都没有。（师纠正为"不敢大声呼吸"）

师：谁能像老师一样也发现问题？

生：我为什么忘不了？

师：你看，朱老师抓住"偏爱"这个词提问题，他抓住"忘不了"提问题。这是小镜头，又不是大镜头，小镜头很可能忘记了，作者却说忘不了，他发现矛盾之处了。文章里有矛盾之处，就要好好问个问题。请同学们再读读这一小节。

[赏析：朱老师从学生完整的学习进程思考发现，只要拎出两个主干问题作为课堂教学主线，学生既可习得"在矛盾处提问与答问"这一阅读策略，又可理解课文内容，体会文章主旨，于是先让学生读最后一小节提问题。他"捕捉"到学生语言中的矛盾事物："小镜头"、"却"说"忘不了"，帮她整理思路，放声思维过程，并联系老师的问题寻找共同点。这样，经过两次放声思维，学生对"在矛盾处提问"这一阅读策略有了更加清晰的认识。]

第二板块：朗读感悟，在矛盾处发问、品读、释疑

师：现在，我们已经在脑海里出现两个问题了。想要解决这两个问题，容易，只要再读课文。刚刚同学们会抓住矛盾处提问了，课文中这样的句子还真

不少，谁还能提问呢？（屏幕呈现文字：宽敞的图书馆似乎显得拥挤了些。）

生：作者一会儿说图书馆宽敞，一会儿又说"拥挤"，为什么？

师：要解决这个问题，就得读书，答案在第二小节。（生自读）

师：听老师读这句话，我要读好几遍，每遍都不一样。（屏幕呈现文字：清晨，图书馆的大门敞开了，各种各样的人便争先恐后地涌进了图书馆。）

师：（读句子，强调"清晨"）老师强调了哪个词？

生：清晨。

师：为什么强调"清晨"？

生：非常早。

师：不着急，把话说清楚。强调"清晨"是为了说明——

生：强调"清晨"是为了说明现在时间很早。

师：时间很早和图书馆有什么关系？强调"清晨"是为了说明人们很早就来图书馆看书。话要说清楚。

师：（读句子，强调"各种各样"）这次强调的是哪个词？

生：强调"各种各样"，说明来的人有老的、少的，各种年龄、各种穿着的人都去看书。

师：（读句子，强调"争先恐后""涌进"）这又强调了哪个词？

生：强调"争先恐后""涌进"，为了说明大家很着急，拥进去想看书。

生：强调"涌进"，说明大家都非常想看书，有推的，拉的，挤的。

师：推的，拉的，挤的，那不出现事故了？你看"涌"字的偏旁（是三点水）。

生：说明人多，像河流（师纠正为"河水"）一样流到图书馆看书。

（生齐读句子）

师：现在，知道作者为什么一会儿写图书馆"宽敞"，一会儿又写图书馆"拥挤"了吗？哦，还有三个不知道。没关系，再等你们，这小节还有两句话，读懂了，读通了，就懂了。

师：这个小节哪两个句子很有特点？

生：写头发和鞋子的这两句。

师：为什么觉得它们很有特点？

生：因为它们可以说明去图书馆看书的人很多。

师：这是用列举的方法把"各种各样"说清楚了。你看，留披肩发的，梳辫子的，剃平头的……每个词后面用什么号？

生：逗号。

师：按常理，接近的词之间用顿号，这里为什么用逗号？顿号停顿的时间短，逗号停顿的时间稍长，用逗号说明到图书馆看书的人很多，不能停短。请一位同学来读读这句。（一生读）

师：停顿的地方做好了，但朱老师还不满意。你看，这里好多列举，如果声音一个声调，显得单调，读的时候要有点起伏。怎么读才能有起伏？

生：前一个响，后一个轻，错落有致。

师：你来读，相信你行，你都找到方法了。（生读）

师：读得抑扬顿挫，学着她的样子，齐读。（生齐读）

师：从这些语句中你感受到什么？获得什么信息？

生：和前面说的一样，确实是各种各样的人。

师：有哪些人？

生：青年、老年、小孩儿。

师：这是从年龄上看的。

生：穿皮鞋的，穿球鞋的，鞋跟高的，鞋跟矮的。

师：这是穿着、打扮不同。还有长相不同的。

生：还有神态各异的。

师：从哪看出的？哦，你已经看到第五小节了。

师：通过衣着不同，还可以看出他们的身份不同，职业不同。

师：既然有那么多信息看出来了，那现在请刚才三个没理解的同学说说，你们理解了吗？

生：（其中一人）"宽敞"是说图书馆很大，"拥挤"是说看书的人很多。

师：来，这么说，说"宽敞"是因为……说"拥挤"是因为……

生：说"宽敞"是因为图书馆本来就很大。说"拥挤"是因为进入图书馆看书的人很多。

师：刚才没理解的两个，听懂了吗？理解了吗？（两名学生点点头）

[赏析：呈现重点语句，让学生学习抓"矛盾"提问题。通过三次强调不同词语的有感情的朗读，引导学生体会关键词语在表情达意上的作用。引导学生发

现运用排比句式列举到图书馆看书的人各种各样这一写作特点后，指导学生读出抑扬顿挫；整合各种信息，使学生感悟在矛盾处提问题以及精当答问的方法。朱老师特意请不理解的学生回答，当他发现学生表达不够连贯，便及时提供"……是因为……"的句式引导他清楚、连贯地表达。这样在矛盾处发问、品读、释疑，学生对"在矛盾处提问与答问"这一阅读策略有了全面的认识。]

师：课文中类似的句子太多了，看谁能找到矛盾处提问题。（屏幕呈现文字：人们进了图书馆，深深地吸了一口气，欣慰地笑了笑，似乎这封闭了一夜的图书馆空气很清新似的。）

生：图书馆"封闭了一夜"，空气应该很闷，为什么说"空气很清新"？

师：继续读，有两句话和刚才那两句写法差不多，看看谁找得准，找到了，就像她那样读得抑扬顿挫。

生：（读）紧接着，那双眼皮，那丹凤眼，那眼角布满鱼尾纹的眼睛，都各自盯上自己的目标；粗糙的手，细腻的手，宽厚的手，纤细的手，都小心翼翼地拿下书，极温柔地抚摸着，就像抚摸着孩子光滑的脸蛋儿……

师：句子找对了，可抑扬顿挫还不够，丹凤眼，单眼皮儿，细小些，读轻点；双眼皮，大，读重一点儿。（生再读）

师：再请一位学生试试看。什么样的手，也要读得不一样，要读出词的意思，把对比读出来。（一生读）

师：能不能回答，说出答案？明明封闭了一夜的图书馆，空气应该是浑浊的，为什么却说"空气很清新似的"？

生：因为在爱看书的人看来，图书馆里全是书香、墨香。

师：空气不是真的新鲜，有个词告诉我们了，是……

生：似乎。

师：给"似乎"换个词。

生：好像。

师：谁愿意说说你的看法？即便一样，也可以说。

生：对于爱看书的人来说，即便图书馆的空气很浑浊，但飘着书香，也觉得空气清新，不觉得浑浊。

师：有创意，同意。

生：有可能他们的注意力都在书上，不在空气上，所以浑浊无所谓，他们感觉到空气很清新。

师：就像在呼吸新鲜空气。再读读这句话。（生读）

[赏析：这一环节呈现了课堂高潮，让学生独立到课文中找"类似的句子"提问，学生问到点子上，很快找到了"写法差不多"的两句话，读得有声有色，答问语言准确、通顺、连贯，思维非常活跃。这样经由反复练习，学生品读特色句式，习得提问方法，学会精当答问，思维更加连贯。再次在矛盾处自问自答，学生对"在矛盾处提问与精当答问"这一阅读策略有了更深刻的感受。]

第三板块：同伴互助教学，操练提问答问

师：已经练了两次了，接下来，自己读第五小节，看看能不能找出有矛盾的句子，针对有矛盾的地方提问，自己思考，和同桌讨论，自己解答。

生：（问题）"贪婪"是个贬义词，为什么用来形容爱读书？（回答）因为她非常爱看书，注意力在书上，求知欲望很盛。

师："贪婪"这个词不应该用在女孩身上，但说明她求知欲望很盛。

生：（问题）老人看得"很费力"，为什么还"舍不得把书放下"？（回答）因为他喜欢看书。

生：（问题）那位姑娘"已顾不得去整理那有些散乱的头发"，为什么还说"看那神情，要是有把剪刀的话，她一定要把那束刘海铰了"？

师：这个问题有问题，女孩喜欢打扮，是爱美的，但还说如果有把剪刀，要把刘海剪了。这个时候她没空，但刘海挡住了视线，影响她看书了。在漂亮与看书之间，她选择……

生：看书。

生：（该女生主动要求发言）我要准确地回答一次。爱美是女生的天性，可她爱看书超过爱美的境界了，说明她很爱看书。

[赏析：这个环节又一次掀起了学习高潮，学生的每个问题都问在矛盾处，每次答问都精炼、连贯。回顾以上教学过程，已经充分、有序地展示了学生从不会到会的学习活动，整个过程完整、有结构，充分体现朱老师教学的巧妙之处：老师示范后，引导学生学会在矛盾处提问、答问，呈现方法多样，体现从扶到放、逐步提高的过程，让每一位学生都积极、主动地参与其中。]

第四板块：梳理总结，领悟文章写法

师生共同梳理：现在，咱们看到几个镜头了？第一个看到的是读者的发型、鞋子。第二个看到的是读者的眼、手。第三个看到的是各种人看书的神态、动作。

师：如果用个鱼骨头把这三个镜头连起来，你有什么发现？

生：先看到比较明显的地方，再看比较细小的动作。

师：看得越来越细了，观察角度是——

生：从远到近。

师：再读第五小节，这是最近的大特写。（屏幕呈现文字）

一个戴眼镜的小伙子，一边（看着），一边（伏案疾书），有时，还停下来（皱紧眉头想着什么），时不时地（扶扶）那已滑落到鼻梁上的眼镜；一位梳披肩发的姑娘，此时已顾不得去（整理那有些散乱的长发），只是用大眼睛在书上（贪婪地扫着），不时地（甩一下）那束垂到额前的刘海儿，看那神情，要是有把剪刀的话，她（一定要把那束刘海儿）铰了。

（屏幕再次呈现文字）

一个（戴眼镜）的小伙子，（一边）看着，（一边）伏案疾书，有时，（还停下来皱紧眉头）想着什么，时不时地扶扶（那已滑落到鼻梁上的眼镜）；一位梳披肩发的姑娘，此时（已顾不得去整理那有些散乱的长发），只是（用大眼睛在书上）贪婪地扫着，（不时地）甩一下（那束垂到额前的刘海儿），看那神情，（要是有把剪刀的话），她一定要把那束刘海儿铰了。

[赏析：朱老师巧妙地用鱼骨头把三个镜头连起来，引导学生发现作者的观察角度是从远到近，最后来个大特写。然后聚焦大特写镜头，通过填空词语突出重点，采用口头填空、梯度背诵的方法，让学生先在脑海中形成问题的答案。答问线索有了，也就懂得作者的行文思路了。填空内容的选择也是十分讲究的，第一次侧重动作描写，第二次侧重外貌描写，这样既可分类背诵，帮助学生找到文本规律快速背诵，还能领悟作者通过动作和外貌的细节描写表现各种各样的人专注读书这一表达方法，一举多得，甚是巧妙！]

第五板块：回归问题，领悟文章真谛

师：现在，我把两个问题变成三句话，你们挑选一句话，为我们说说看。（屏幕呈现文字）

1. 我更偏爱图书馆里一个个小镜头，因为_____。
2. 这生活中的小镜头，我怎么也忘不了。它似乎告诉我_____。
3. 我更偏爱图书馆里一个个小镜头，因为_____。这生活中的小镜头，我怎么也忘不了。它似乎告诉我_____。

回答第一个问题：

生：我更偏爱图书馆里一个个小镜头，因为看书的人很认真，我感觉很开心。

生：我更偏爱图书馆里一个个小镜头，因为大家看书时的样子，让我感到欣慰。（师纠正为"敬佩"）

生：我更偏爱图书馆里一个个小镜头，因为各种各样的人，不管他们是干什么的，哪怕看书很吃力，他们都爱看书，让人钦佩。

回答第二个问题：

生：这生活中的小镜头，我怎么也忘不了。它似乎告诉我，书人人都能读，只要认真读，总会有收获。

生：这生活中的小镜头，我怎么也忘不了。它似乎告诉我，如果留心生活，你就会发现更多乐趣。

回答第三个问题：

师：谁愿意挑战一下，回答第三个问题？这要把第一二句连起来，还要连得通顺、连贯。

生：我更偏爱图书馆里一个个小镜头，因为看到各种各样的人都来图书馆看书，我很开心。这生活中的小镜头，我怎么也忘不了。它似乎告诉我许多道理，就算是生活里再小的事，也有许多道理。

师：你说了一大堆道理，到底是什么道理？

生：我更偏爱图书馆里一个个小镜头，因为我发现各种各样的人、做各种工作的人，为了看书集中在这里。这生活中的小镜头，我怎么也忘不了。它似乎告诉我：在书面前，无论平凡还是富贵，无论干什么，都是平等的，都一样爱看书。

师：你看，她帮你把道理讲清楚了，为了表示你的感谢，和她握握手吧。

生：我更偏爱图书馆里一个个小镜头，因为读书看起来很美妙，每个人都可以看书。这生活中的小镜头，我怎么也忘不了。它似乎告诉我看书可以让人增长知识。

师：现在，问题全解决了。读书，是一件很美妙的事情，让一个人变得很美丽，让一个人的生活变得更美好。下课！

[赏析：朱老师提供了三个规范的句式，从单一答问到统整答问，从易到难，由表及里，梯度行进，学生比较容易精当答问。让学生挑选一句说说看，是为了让每一位学生都能回答。回顾三个镜头，理清行文思路，在精当答问中领悟文章真谛。]

（赏析者：林彩虹）

《冬天》课堂实录

设计说明

朱自清先生的《冬天》不像《背影》《荷塘月色》那样出名，但我很喜欢。这篇文章有三个部分，分别讲父子情、朋友情、夫妻情。合在一起，便是人伦之情。不过三个部分的摆放很有意思，先是两个部分，然后又空出一行放第三个部分。这样放，是为了突出最后一部分。全文写人伦之情，但作者最想抒发的是对亡妻的思念。也就是说，前面两个部分是为了衬托第三部分而写。

朱自清先生曾说自己是一个国文教员，自己的写作是为了给中学生做一个样子，所以他早期的不少文章是精心推敲过的，《冬天》就是其中之一，是一篇高妙的"下水文"。文中对人物细节的描述，对素材的运用，都可看出作者的用意。学生读了，确实能受感染，甚至学习其写作手法。我当初将这篇文章推荐给小学生时，就选了第一部分。学生读了，很喜欢。不过如果拿这个上课，只上第一部分，太短了，于是，这次我将第三部分也选进来。

要学生理解亲情或者父子情，不难，但要理解夫妻情就难了。所以在确定教学内容时，我把力气用在第一部分上，引导孩子从"冷"与"暖"两个角度去读文章，引导他们朗读体会人物的细节描写，透过细节描写感受父子情。通过题目与温暖的回忆间的对比，体会作者著文的用意。有了这些铺垫，到第三部分，就让学生用掌握的方法自己读，自己分析，能读懂多少是多少。而我则利用即时的归纳揭示文中地点的变化，让学生在你一言我一语的交流之后，回到文本，看清其结构的巧妙，进一步理解作者的情感。最后再对比两段的写法，从篇章的角度体味作者在谋局布篇上的思考。

上海师范大学的王荣生教授说，散文教学要在教学中让学生理解、感受文本所传递的作者的认知、情感，感受文本中与独特的认知、情感融于一体的语句章法、语文知识。我认同这个观点。《冬天》是散文，是文学作品，但进了小学语文课堂，我首先思考的是如何让学生从文章角度学习它。具备阅读文章的能力，是文学鉴赏的基础。

一篇好文章之所以能流传，是因为不同的读者能读出不一样的感受。一个小学生读《冬天》的选段，看到的是亲情。一个中学生读《冬天》的全文，也许会理解朋友和亲人都重要。等学生长大成家，再读这篇文章，自然会理解作者的夫妻情。所以，教师引导学生读文章，不必着急，更不要强求，教点方法，播下种子，以后就会有收获。在教学中引导学生用已有的语文经验解读文本，学习新的语文知识，体会作者的情感与语言表达之间的关联，从而激发学生用自己的人生经验去观照作者的人生经验。

课堂实录

第一板块：一品"冷"与"暖"

师：冬天，首先让我们感到天气寒冷，第一小节里，有不少描写冬天冷的句子。找找看，找到了，就用铅笔把它画下来。

（生找画相关句子）

师：找好了吗？请最后一个男同学。

生："我们都喜欢这种白水豆腐……等着热气里从父亲筷子上掉下来的豆腐"。从等待着那个热气可以看出，因为夏天看不到这种热气。

师：这位小朋友对语言的感受非常厉害。他说看着那些热气，自然而然想到了，因为周围气温低，所以火锅的热气特别明显。

生："父亲说晚上冷，吃了大家暖和些。"

师：这句话直接写到冷，一起读。（生读）

生：还有这一句："'洋炉子'太高了，……从氤氲的热气里伸进筷子，……放在我们的酱油碟里。""氤氲"这个词可以感受到冬天气温低，热气弥漫。

师：你找的也是侧面或者说间接来写的。这个小节大家看了后会发现，直接写冷的句子只有一句，可更多的是从侧面写了大量的暖和。比如说刚才有同学提到的"氤氲的热气"，除了热气这个词，还能找出什么样的词或句子写的是暖和？

生："水滚着，像好些鱼眼睛。"这个写出了暖。

师：说是写寒冷，但作者却写了很多热气。刚才这个小姑娘说到了这个句子，一起读。

（生读"'洋炉子'太高了，……觑着眼睛……酱油碟里"）

师：觑有两个读音，一个念 qù，一个读 qū。在这里当它表示一起看的时候要读成 qū。重新再读一次。

师：这次读对了。说是冬天很冷，可是正面描写冷的才一句话，作者在"冷"的一段里面居然写到了那么的"热"，写到了那么多的"暖"，这是让我们留下的第一个感受。

师：你把它再读进去，还能从这段话的背后读出什么？一边读，一边要想象当时的场景，"'洋炉子'太高了……"，预备起。

（生读"'洋炉子'太高了，……放在我们的酱油碟里"）

师：从这一段话，你感受到了什么？

生：冬天虽然很冷，但是父亲对我们十分关爱。

生：作者觉得父亲在，温暖就在。（生鼓掌）

生：从写父亲的一些动词"站、仰、觑、伸、夹、放"可以看出父亲对我们的爱。（又鼓掌）

师：你感受到父亲的爱，他从具体的动词里看出父亲的爱。这就是方法，找出具体的字词才能有真切的感受，而不是泛泛而谈。真不错。

师：你从这段话里读出怎样的父亲？

生：我觉得他是一个很朴实的父亲。因为"父亲得常常站起来，微微地仰着脸，觑着眼睛"，就可以知道他并不是特别高，但是他会伸着筷子努力去夹豆腐，然后放在我们的酱油碟里。

师：完全有可能，而且朱自清在《背影》里写到他父亲，好像也说父亲并不是很高。她马上和以前读过的另外一篇文章联系起来了，太厉害了，给她鼓掌。

生：我觉得他是一个有父爱的父亲，是一个关心儿女的父亲，在《背影》里也是为了朱自清去买橘子。

师：她的发言启发了你。那你从这段话里看出了怎样的孩子呢？

生：眼巴巴看着父亲，希望父亲快点将豆腐夹到我们的酱油碟里，喜欢父亲就这样疼爱着我们。

生：我觉得这些孩子对父亲的动作观察得很仔细，聚精会神地盯着父亲，看他怎样将豆腐夹到他们的碟子里。

师：正是因为少年时代观察仔细，印象深刻，所以作者成年以后，写文章时这些情景还历历在目，才能写得如此精彩。一起再把它读一读，预备起。

（生动情地读"'洋炉子'太高了……放在我们的酱油碟里"）

第二板块：一赏"镜头感"与"谈话风"

师：读了这样的文字，就好像眼前出现了一个画面，我们把它叫作"镜头感"。（板书：镜头感）朱自清先生的文章很多的描写都会给人带来镜头感。刚才还有同学提醒我们，读这样一段文章要注意动词。我把动词留下，形容词去掉，你还能念吗？如果你不记得，没关系，可以偷偷看看你的讲义；如果你记得，你可以看屏幕。准备好，预备起。

（生补充形容词读"'洋炉子'太高了……放在我们的酱油碟里"）

师：（把动词去掉）这次省略了什么？动词，一边读一边浮想那些动词。

（生补充动词读"'洋炉子'太高了……放在我们的酱油碟里"）

师：大家发现没有，这里用了几个逗号？

生：六个。

师：短短的四行，居然有六个逗号。这就提醒我们，句子要注意停顿，这些都是很短的句子，很短的句子会让我们有一种感觉，好像是在听作者跟我们讲故事、说话一样，就会很亲切。如果你停顿不好，这种感觉就没有了。注意停顿，看清标点。预备，起！

（生述说式朗读"'洋炉子'太高了……酱油碟里"，基本会背）

师：你们真厉害，几乎已经把它背出来了。就像我们平时说话一样，哪个同学愿意挑战自己？

（一生述说式朗读，生鼓掌）

师：你太厉害了。如果你把它当作日常说话，就能很自然地把它背出来，这种写作的风格，我们把它叫作"谈话风"。（板书：谈话风）谈话风和镜头感是朱自清先生的作品，特别是他的散文作品两个非常明显的特点。在他很多作品里都有这个特点，包括《冬天》这篇里面，其实还有一些段落也有这个特点。

师：读完之后，你能不能结合自己的话，结合原文，来给我们说说看？（PPT 出示：我们都喜欢白水豆腐——）

生：我们都喜欢白水豆腐，因为那是冬天父亲对我们的父爱。

生：我们都喜欢白水豆腐，因为那是我们童年的记忆。

生：我们都喜欢白水豆腐，因为豆腐里含着浓浓的爱。（生鼓掌）

……

第三板块：二品"冷"与"暖"

师：从刚才同学们的发言中，我知道大家已经读懂了第一小节。第二小节里，也有一些写冷的句子，写暖的句子。还有一些句子好特别，同一句句子里既有冷又有暖。如果你发现了一句就跟同桌说一说，同桌可以纠正你。

（读第二小节，同桌交流）

师：已经有同学找到了。我们先看这边两个同学，都举手了。就一起站起来，可以一个说，一个来补充，也可以自己说，都行。

生：我找到的是："夏末到那里，春初便走，却好像老在过着冬天似的；可是即便真冬天也并不冷。""好像老在过着冬天似的"，说明冷；"即便真冬天也并不冷"，写的是暖。

生：我找到的是："外面虽老是冬天，家里却老是春天。"冷是在冬天，暖是在春天。

师：这很奇怪噢。两个同学都找到了一句话里既写到冷又写到暖，可是这冷的是什么暖的是什么，怎么会结合到一句话里来表达呢？我听了你们的分析，产生了这样的问题。你们有这样的疑问吗？（生：有）有啊，你说说看。

生：朱自清先生在外面是冷的，因为他说"晚上一片漆黑。偶尔人家窗户里透出一点灯光，还有走路的拿着的火把"。

师：这种冷是什么冷？

生：寂寞的冷。

师：一种寂寞的冷，一种清冷，是吧。那你继续说吧。

生：但是在最后的时候他说"现在她死了快四年了，我却还老记着她那微笑的影子"，就是说他心中还是有他的家人，他心里还是有温暖。（生鼓掌）

生："无论怎么冷，大风大雪，想到这些，我心上总是温暖的。"外面的天气是很冷的，大风大雪，但是他想到了自己的亲人，心中就是温暖的。

生：我想要补充，我觉得他心中温暖的是妻子微笑的影子。

师：可是当他想到这种温暖的时候，突然又想到妻子已经去世了，此时心中——

生：此时心中又有点冷。

师：一句话，进去又出来，出来又进去，忽冷忽暖。这个句子写得多么漂亮。

生："有一回我上街去，……天地空空的，也只有我们四人。"外面的天气虽然冷，但是家里有他的妻子还有他的孩子。他的妻子有对丈夫的爱，他的孩子有对父亲的爱，这种爱都是不可替代的。所以台州空空的，只有我们四人；天地空空的，也只有我们四人。（生鼓掌）

师：她找到了一个看似很深奥的句子，可是她把它解读了。她所看到的给我们描述的景象其实是一个大大的特写的镜头，所以让我们感受特别强烈。还有吗？

生：我要对"外面虽老是冬天，家里却老是春天"这句话作补充。外面虽老是冬天，这个冬天是指自己一个人在外面，没有人陪伴，寂寞的冷。家里却老是春天，是有陪伴的暖。（又鼓掌）

……

第四板块：二赏"镜头感"与"谈话风"

师：通常读第二小节这样比较长的内容，要学会找出关键词语。这一小节中表示地点的关键词很有意思，可以帮助我们更好地理解这一小节的意思。

师：文中先是说住在了——（生：台州）（板书：住在台州），紧接着作者又说住在了——（生：山脚下）（板书：住在山脚下），接下来又是住在哪里啊？（生：楼上）（板书：住在楼上）你发现什么？你千万别说：老师，你的板书那么差，字都是大大小小的。

生：字越来越大，内容越来越具体。

生：住在台州范围很大，住在山脚下范围缩小了，最后住在楼上，范围更小了。

师：范围越来越小，越来越小，所以我们看得就越来越清楚了。是不是一种镜头的变化？我们从地点的变化可以明显地感受到镜头的推进与定格。（板书：地点）

师：刚才那位女生说到了这样一段话。这里面有没有我们刚才说的谈话风、镜头感？

（PPT 呈现，生读"有一回我上街去……天真微笑地向着我"，"天真微笑"处连读）

师：中间要带着停顿，"都带着天真 / 微笑地向着我"，再读一遍。

（生再读，"天真微笑"处断开）

师：有谈话风的感觉吗？有说话的感觉吗？感受到的请举手。不多，不要紧，老师改一点，改完了以后你就有感觉了。

（PPT 呈现："有一回我上街回来看见楼下厨房的大方窗开着，她们母子三人靠窗站着，迎接我的是三张带着天真微笑的脸。"师范读）

师：有什么区别？

生：逗号变少了，句子就变长了，更加书面化。

师：平时我们说话是不会有很长的句子的，总是一段一段很短的话。再细细体会一下。

师：告诉大家，这样一段话，朱自清在写的时候不是用普通话的思维写的，他是用方言写的。他是扬州人，他说扬州话，写文章的时候脑海里出现的全都是扬州话。我用扬州话来读，你就真的知道是在说话了。

（师用扬州话读"有一回我上街去……微笑地向着我"，学生和听课老师都情不自禁地鼓掌）

师：是不是像在说话？像一个扬州人站在你面前。你们不会说扬州话，那就用普通话来读吧，注意停顿哦，一边读一边你的脑海里要浮现镜头感哦。预备，起！

（生读"有一回我上街去……微笑地向着我"）

第五板块：品"相同之处"与"修改题目"

师：刚才有同学说，第一小节写的是父子之情，还有——（生：兄弟之情）这是朱自清的儿时。那么等到他成年以后，在第二小节里，他写的是——（生：夫妻之情、儿女之情）这就构成了时间的关系。（相机板书：父子、兄弟、夫妻、儿女）

师：你看，两个小节一点都不搭，但是现在看看板书，有联系了哦。不仅如此，有些句子有一些相同点，它们的表达形式、它们的意思有相同点。因为有这些相同点，所以才能很好地组合在一起，成为一篇文章。这样的句子，找找看，同桌之间交流交流。

生：我找的是第一小节中的"父亲说晚上冷，吃了大家暖和些"，和第二小节的"无论怎么冷，大风大雪，想到这些，我心上总是温暖的"写法相同，都是先写冷再写暖。

师：句式表达上很接近，意思也很接近。

生：第一小节中"我们都喜欢白水豆腐……父亲筷子上掉下来的豆腐"，第二段中"有一回我上街去……微笑地向着我"。这两个句子都是写等待，一个在等待筷子上的豆腐，一个在等待"我"回家。

师：太厉害了。老师也找了一个，和你们分享一下。我找到的是这两个句子，你们发现当中有什么相同处？文学作品没有标准答案，大家随便说。（PPT出示：①"洋炉子"太高了……酱油碟里。②有一回我上街去……天地空空的，也只有我们四人。）

生：第二句写的是"似乎台州空空的"，第一句写的是"一上桌就眼巴巴望着"，似乎其他东西都没有，眼里一个是只有我的孩子和我的妻子，一个是只有那一锅白水豆腐。

生：你看第一句里面两个"等着"；第二句中两个"只有"，我认为它们是有一个递进关系的。（生鼓掌）

师：你的想法跟我一模一样。掌声再一次送给你，当然也送给刚才表达了自己感受的同学。太厉害了！一起读，预备起！（生声情并茂朗读）

师：外面再清冷，家里总是温暖的。所以作者最后这样说，读——

生：无论怎么冷，大风大雪，想到这些，我心上总是温暖的。

师：我能不能索性直截了当一点，把题目改成《温暖》？

生：若这样，冬天的环境冷突显作者内心感受的温暖就不那么明显了。

生：我觉得用《冬天》好，可以用冬天的冷去对比亲情的"温暖"。

生：因为冬天的冷，所以更能衬托出父亲豆腐的热；因为冬天的冷，所以更能衬托出妻儿在等自己的温暖。

师：说得真好。请大家一起读这句话，感受亲情的可贵——

生：无论怎么冷，大风大雪，想到这些，我心上总是温暖的。

师：我们马上就要下课了，最后老师读给大家听。（师配乐朗读，动情哽咽）

师：谢谢，下课！

附：

顺文理而教

陆麒娟

"理"字左边"玉"，右边"里"，从汉字的构造看，表示工匠按照石头的文理小心翼翼地把玉从石头里面剖析出来的过程。教学也如此，若能依着文体之理，沿着作者文风之理，顺着学生体味之理，顺学而导，便能举重若轻，学有所获。

一、文学之理

朱煜老师常说小学阶段文章教学是第一性的，文学教学是第二性的。对于像朱自清这样的文学大家写的文章，从文学的角度契入，更能激发出文学特有的情味、意味与趣味。

朱煜老师执教的《冬天》就是采用文学教学，教出特有的散文味道。它直指学生和老师内心，让学生在鉴赏中体味富有情感意味的言语表达，畅谈自己对这个文本的理解，以及谈由这个文本联想到自己的生活、自己的情感与感受，分享作者感悟到的亲情。

如：学生寻找句子中既写到冷又写到暖的地方，联系生活，与大家分享自己从文中感悟到的冷是什么，暖又是什么。在文字中进去又出来，出来又进去。学生在不断地对比表述中，自然地玩味文字中的冷与暖，把作品中第一眼看上去平淡无奇的东西玩味出隐藏的妙蕴，将朱自清先生在文本中营造的"冬天里的春天"这一意境展现得淋漓尽致。

像这样的玩味与发现，整堂课多矣。如课尾关于《冬天》与《温暖》的探讨，明看似是拟题之探究，实则是文学情味之体察，文学作品妙处之寻获，培养学生纯正的文学趣味。

二、文风之理

像《冬天》一文两个片段，时间、空间虽有不同，但形断实连，如何让学生领悟到作者特有的写法特点？

第一片段，朱煜老师让学生体察作者观察的细致，画面的美感与情味，感悟浓缩在一站、一仰、一觑、一伸、一夹、一放中笨拙又可敬的父亲形象与沉淀着的父爱，展现"镜头感"所带来的细节描写的魅力。

第二片段梳理关键性词语——地点，板书于黑板上，字体越来越大，问发现了什么。学生说范围越来越小了。老师顺势点拨：范围越来越小，所以我们看得就越来越清楚了，是不是一种镜头的变化？我们从地点的变化可以明显地感受到镜头的推进与定格。

朱自清先生的文章之所以动人，说到底还是借助于一个又一个的镜头，如《背影》中的特写镜头——"那肥胖的，青布棉袍，黑布马褂的背影"最为大家所熟知。像这样，朱老师教懂了这一篇"镜头感"带来的文学体验，学生便会迁移到朱自清先生的另一篇，甚至能领会与把握更多篇类似写法的文章。

这正如教者授完课后谈及的那样："阅读文学作品是需要有基本的阅读力与鉴赏力的，而基本的阅读力与鉴赏力是我们应通过语文教学来实现的。"

与此有异曲同工之妙的是：谈话风。此处的谈话风包含两层意思：一是指朱自清先生采用谈话风的写作风格，显得亲切、自然。二是朱煜老师采用谈话风的教学方式，与学生说话、聊天、交流，乃至用"扬州话"来范读一段，更显亲切。"谈话"之文、"谈话"之学、"谈话"之教三者融合于一体，学生就这样自然地走进了文本，走进了作者，感受作者写作此文的本心。

总之，整堂课学生在感受文本中独特认知、情感融于一体的语句章法，体会作者的情感与语言表达之间的关联，激发学生用自己的人生经验去观照作者的人生经验，是一堂"文学"与"人学"、"文风"与"学风"相互交织、相互融合的课堂。

培养纯正的文学趣味

——从朱煜老师《冬天》一课说起

冷玉斌

作家叶兆言有旧文写朱自清，颇有知人之言，"就文章而论，朱后期的散文比前期的更好"，"在朱自清前期散文中，优秀的是那些充满真情实感的文章，如《背影》、如《给亡妇》，在'才'和'情'，以情感动人才是文学艺术的基石"，又说，"新文艺腔是朱自清后来坚决要去掉的东西，这也是新文学的通病，他在语文教学上投入了很多精力，目的就是为了消灭这种拿腔拿调"——这句话尤其值得当前的小学语文老师重视。

之所以摘引叶先生的观点有两个原因，其一，《冬天》一文显然是朱自清前期散文中的优秀之作，"以情感动人"，可看出朱煜老师自选文本精当有眼光；其二，对这样一篇"最地道的语体文"，教者的教学疏散有致，清新可喜，一点都没有"拿腔拿调"，孩子们在品词析文中初步感受文章的独特魅力，发言不空泛不浮夸，同样没有"拿腔拿调"。

这样一番没有"拿腔拿调"的教与学，让我从中看到的，大概正可以用教者自己的话来说："《冬天》是散文，是文学作品，但进了小学语文课堂，我首先思考的是如何让学生从文章角度学习它。具备阅读文章的能力，是文学鉴赏的基础。"

深以为然。

整课教学明快、流畅，分为三部分：预习反馈，初步感知；体会"冷暖"，习得方法；运用方法，感悟提升。

那么，从感知到习得再到感悟，这当中，孩子们和老师到底"阅读"了什么？获得了怎样的"鉴赏的基础"？

第一，阅读了"细节"。

在第二部分中，教者请孩子们从第一小节中找出描写"温暖的句子"，学生有一串精彩的回答，教师接续其话头留下板书：热气、团聚、父子情，这是对生活细节的浓缩。随即，教者又以补充说话的方法，重点突破"'洋炉子'太高了，父亲得常常站起来，微微地仰着脸，觑着眼睛，从氤氲的热气里伸进筷子，夹起豆腐，一一地放在我们的酱油碟里"一句，分别省略掉形容词与动词，从细致的描写中感受到父之慈、子之孝，孩子们的阅读情动于中，教师的教则顺理成章，相映成课，相得益彰。

第三部分中，有一处更为精彩：学生说找到"现在她死了快四年了，我却还老记着她那微笑的影子"，这句话里既写到了冷，也写到了温暖。妻子去世了很多年，作者一直记得她。老师评价说：一句话竟然让你感受到冷和暖两种状态，这就是文学的魅力。

朱光潜先生说文学教育"唯一的办法是多多玩味第一流文艺杰作，在这些作品中把第一眼看去是平淡无奇的东西玩味出隐藏的妙蕴来"，仅此一处，就可见本课教学对文艺杰作的玩味之力，实实在在让我看到孩子们已经将看似平淡无奇的文字玩味出隐藏的妙蕴。整节课中这样的玩味与发现多矣。

第二，阅读了"风格"。

"风格"这词有点大，但面对这样一篇白话文的典范之作，如果全然不感受其文字精妙，那样的教学必然枯涩而无活力，所幸，教者以其教学之功，将他对文章风格的发现引至孩子们面前，仅举一例：

师：文中先是说住在了——（生：台州）（板书：住在台州），紧接着作者又说住在了——（生：山脚下）（板书：住在山脚下），接下来又是住在哪里啊？（生：楼上）（板书：住在楼上）你发现什么？你千万别说：老师，你的板书那么差，字都是大大小小的。

生：字越来越大，内容越来越具体。

生：住在台州范围很大，住在山脚下范围缩小了，最后住在楼上，范围更小了。

师：范围越来越小，越来越小，所以我们看得就越来越清楚了。是不是一种镜头的变化？我们从地点的变化可以明显地感受到镜头的推进与定格。（板书：地点）

朱自清先生文章之动人，内里在情感，这是没错，那为什么这情感能够如此动人，说到底还是借助落于纸面的一个又一个镜头。"我读到此处，在晶莹的泪光中，又看见那肥胖的，青布棉袍，黑布马褂的背影。"（《背影》）——这或许是中国人最为熟悉的朱先生笔下之镜头了，而这样的镜头正是教学朱先生文章尤须留心的，读懂文章绝非仅止于此一篇，而是要从这一篇的阅读中，对另一篇或说更多篇做到不同程度的把握，想必这也是教者"习得方法"之本意了。

第三，阅读了"布局"。

对布局的阅读体现在对文章"整体性"的关注，但这一点在课上是意到即止，未多延展。虽然如此，就文学阅读仍属必要。英国小说家斯威夫特说，最好的文章，须用"最好的字句在最好的层次"，找最好的字句要靠选择，找最好的层次要靠安排，阅读教学中以上佳的文学文本和孩子们一起慢慢接触，慢慢了解，慢慢领会，播下了文学鉴赏的种子，总不会是无益之举。

回头看教者这一番教学，"细节""风格""布局"，在在皆是鉴赏之基石，更令我记起饮冰室主人之"三步精读法"，一曰鸟瞰，二曰解剖，三曰会通，两者间还真有神似。

朱光潜先生说："真正的文学教育不在读过多少书和知道一些文学上的理论和史实，而在培养出纯正的趣味。"——"培养纯正的文学趣味"，细细品来，朱煜老师《冬天》一课的教学，正是这一观念的最好落实吧。

此外，还可一说的，教者是如何达成这样的教学的？换个提法，教师如何引导学生寻获文学作品中的妙蕴，读出故事背后的趣味？

于此课观之，至少有两点。一是教师本人的文学修养，潘新和先生曾指出：阅读作品可以做的事情很多，在教学中是无须面面俱到的，关键是透过字面，寻觅其中的"佳妙"和趣味。因此，教师是否拥有感受"佳妙"的能力，是否具有纯正的文学趣味，在相当程度上决定了教学的成败。毫无疑问，朱煜老师绝对是一位优秀的文学阅读者，正因为他对文中"佳妙"有发现、有把握，才自如亦自在地引领孩子们抵达阅读的彼岸。二是教师的教学风格，教者教学中多次提到朱自清先生写作的"谈话风"，"写出来的句子、文章像在与读者聊天交流，很亲切"，而他的教学自始至终也如朱先生写作，是在与孩子聊天交流，乃至还有用"扬州话"来范读的一段，很亲切，很亲切。"谈话"之文，"谈话"之学，"谈话"之教，分外相投，而且在谈话之中，无论教师引语还是师生交流，都不枝蔓、不断续，牢牢围绕对文字的品味、对亲情的感悟、对文章的学习，只此一点，已是很难得，很难得。这，又从另外一个侧面表现出教者自身的文学功底与文学趣味。

正因为此，结课处的小小篇章，值得我们凝视：

师：我能不能索性直截了当一点，把题目改成《温暖》？

生：若这样，冬天的环境冷突显作者内心感受的温暖就不那么明显了。

生：我觉得用《冬天》好，可以用冬天的冷去对比亲情的"温暖"。

生：因为冬天的冷，所以更能衬托出父亲豆腐的热；因为冬天的冷，所以更能衬托出妻儿在等自己的温暖。

师：说得真好。请大家一起读这句话，感受亲情的可贵——

生：无论怎么冷，大风大雪，想到这些，我心上总是温暖的。

读了这一问一答一读，我忽然想到，这里已经不止于趣味，最好的语文课，正应该让孩子们感觉到温暖、感觉到明亮、感觉到希望，让他们在语文的感染和熏陶下，铭记生命中无数的瞬间，留取生活中多少的镜头："无论怎么冷，大风大雪，想到这些，我心上总是温暖的。"

是啊，文学说到底还是"人学"，通往阅读最深处的，还是我们和孩子们一起，培护和养育诗意的生命，最终诗意地栖居在大地上，作为语文教师，有必要在每一节课上，都为之努力，"努力散布几点星光去照耀那和过去一般漆黑的未来"。

《宝葫芦的秘密》教学案例

好书简介

有一个孩子叫王葆，他常听奶奶给他说宝葫芦的故事。有一天，他真的遇到了一只宝葫芦。宝葫芦甘心做王葆的仆人，只要王葆心里想要得到什么，宝葫芦就立刻将其变出来。比如，王葆希望能钓到鱼，水桶里立刻出现了很多鱼。王葆想要看一本书，那书就立刻出现在王葆的书包里。王葆肚子饿了，他的眼前就立刻出现了熏鱼、卤蛋。按理说，这真是天大的好事，这真叫"心想事成"。可是，王葆并不高兴，因为他慢慢发现，宝葫芦给他变出来的东西都是偷来的。王葆为了这些东西，得想尽办法向人解释或者掩饰。于是，"心想事成"变成了痛苦。当王葆再也不能忍受时，他醒了——原来是个梦啊。

课例呈现

第一板块：根据人物回顾情节

（1）师：各位同学，前段时间大家读了《宝葫芦的秘密》，今天我们一起来交流一下读书心得。还记得这本书的作者吗？（生答：张天翼。）

有评论家说，张天翼先生是天才型的作家。因为他既为成年人创作文学作品，又为小朋友写文学作品，而且写出了很经典的作品，那就是《宝葫芦的秘密》。这部作品写于上世纪 50 年代，离我们实在太久远了，那个时候你们的爸爸妈妈都还没有出生。

（2）出示：

苏鸣凤：小组长，对王葆的要求很高

郑小登：王葆的好友，善于钓鱼

老大姐：郑小登的姐姐

萧泯生：王葆的同学，借走了《科学画报》

姚俊：王葆的同学，与王葆下棋

小珍：邻居的孩子

杨拴儿：一个有偷窃恶习的坏孩子

……

师：这个故事很长，里面人物众多，除了王葆和宝葫芦这两个最重要的人物形象，其他人物你还记得吗？有没有你比较感兴趣的？老师这里还用了一个省略号，因为人物太多了，写不下去。从这些人物中选择一个，谈谈你的感受，也可以谈谈屏幕上没有列出的人物。

（交流书中人物，回顾相关的情节，为之后的交流作铺垫。）

第二板块：探究王葆心愿达成后的感受

（1）师：在刚才的交流中，好几位同学都说到宝葫芦让王葆得到了很多想要的东西，我们来回忆一下，王葆得到了哪些东西？（播放 PPT）

老师在屏幕上列举了五样东西（一桶鱼、电影票、象棋子、《科学画报》、数学试卷），大家还记得这些吗？选择其中一样，与同桌讨论一下：王葆得到这样东西后，发生了什么情况？将讨论结果用几句话写下来。

（选择重要环节加深理解）

（2）请部分学生交流讨论结果。

根据学生的交流归纳出王葆得到东西后的心情：紧张、害怕、奇怪、羞愧。

（心愿达成理应高兴，但是王葆却并不开心，以此引发学生对作品主题的思考。）

第三板块：体会王葆和宝葫芦的形象特点

（1）师：宝葫芦让王葆得到了那么多的东西，可是王葆却越来越不开心，甚至害怕。而且宝葫芦和王葆还有一些约定。（PPT放映宝葫芦与王葆之间的约定，请学生依次朗读约定）

约定一：你得到了我，你得绝对保守秘密。

约定二：世界上只有你一个人可以知道我的秘密。

约定三：你知道，我既不是工人，也不是农民，也不是艺术家，也不是园艺家——我只是一个宝贝。我当然做不出这些个玩意儿来，我只会把别人做好了的给你搬来。

（2）师：读完这些约定，现在你对宝葫芦怎么看呢？

（学生交流自己的感受。学生在这个环节中会对宝葫芦作出判断——宝葫芦是个贼，不是好人。）

（3）师：告诉大家，有些读者不仅认为宝葫芦不是好人，他们说王葆这个孩子也不大好。大家在读这本书的过程中，想过这个问题吗？你觉得王葆是一个怎样的孩子？在交流前，我们先来看一段影片。它是老师从电影《宝葫芦的秘密》中剪辑出来的。（播放王葆想要毁了宝葫芦的视频）

刚才大家看到的是王葆要和宝葫芦决裂的情景。在书中，王葆有这样一段内心独白：

我该多么惊讶呀。我只知道我自己有这么一种特殊的幸福，要什么有什么，可我从来没研究过这些东西究竟是怎么来的。反正这是宝葫芦的事：它有的是魔力，难道还变不出玩意儿来？

看了影片和内心独白，你觉得王葆是怎样的一个孩子？

（4）学生交流。

（引导学生多元地理解王葆，而不是给他贴上单一的标签。）

第四板块：联系自己拓展想象

（1）师：王葆想要一个宝葫芦，你们想要一个宝葫芦吗？连老师也很想要一个宝葫芦。我一直在想，如果我有一个宝葫芦，我会让它帮我实现什么愿望呢？（播放PPT，展示老师儿时的照片）

如果我有一个宝葫芦，我想要回到1岁的时候。那时候可以得到爸爸妈妈的照顾，我只要负责吃、睡、玩就可以了。

如果我有一个宝葫芦，我想回到两三岁的时候，因为那时我可以在妈妈的帮助下，学走路；我可以在爸爸的怀抱里休息。现在我已经没有爸爸了，爸爸去世了，我只有一个老妈妈了。

如果我有一个宝葫芦，我想要它帮助我回到10岁的时候。那个时候，我还在念书，我们比现在的小朋友幸福多了。因为那个时候我们每天两点钟就放学了，我们可以和弟弟妹妹们一起玩耍。

如果我有一个宝葫芦，我还想回到20岁的时候。那个时候，我刚刚做老师，我还不大会教书。如果时光可以倒流，我想我应该能教得更好一些。

（然后继续用一些照片演绎虽然没有宝葫芦，但是梦想也实现了。）

同学们，如果你们有一个宝葫芦，你们会让它做什么呢？

（2）学生交流心愿。

师：同学们，读了《宝葫芦的秘密》，我想送给大家两句话：

祝大家能遇到一只宝贝葫芦。

祝大家能实现童话般的梦想。

我写书评

我小时候没有读过《宝葫芦的秘密》，但电影《宝葫芦的秘密》是看过的，而且印象很深。尤其是宝葫芦"呵呵呵"地笑着的镜头让我觉得可怕，所以一直忘不掉。长大之后，再看这部电影，又看到"呵呵呵"的镜头，感觉很平常啊，实在搞不懂当年自己为什么会害怕。

当上教师，为给学生推荐课外书，我读了《宝葫芦的秘密》。不知怎的，读着读着，我忽然想起神笔马良。小时候，我常想，自己如果有支神笔该多好——作业做不出，用神笔一扫，神笔就会将答案写出来。这类幻想还有很多，比如，我常想，如果出了家门，就有平面的电梯铺在马路上，不用走路，电梯就能把你送到目的地，那多省力。之所以这样想，是因为我小时候，姑妈曾带我去乘过上海第一百货商店里的手扶电梯，乘一次好像还要收一角钱。那是中国第一部手扶电梯。几十年过去了，这些幻想竟然都已成真。虽然家门口没有平面电梯，但机场里有。至于神笔，当然也有。用智能手机下载一个"小猿搜题"之类的 APP，遇到难题，打开手机对着题目拍张照片，几秒钟后，答案就出来了。梅子涵先生说，相信童话。有的时候想想这话，真对。

如果对"相信童话"无感，那么读《宝葫芦的秘密》，估计只能读出说教——宝葫芦是假的，不要幻想不劳而获。当然，读出这个，也是正常的。只是，如果只读出这个，那就有点可惜了。在我看来，《宝葫芦的秘密》有点像成长小说。一个小孩子希望拥有一些神奇的物件，很正常。当王葆得到了宝葫芦，宝葫芦接二连三地满足了他的心愿，他很开心。可是当宝葫芦用偷的方式变出更多的东西时，王葆犹豫了困惑了，最后他决定不要宝葫芦了。电影中用王葆刀劈、火烧葫芦等镜头来表达他的决绝之心。这个变化过程，不是一个儿童成长的隐喻吗？其实，即便儿童长大了，依然幻想自己有个宝葫芦，也是很美妙的事情啊，只要这不是一只偷东西的葫芦。

以上这些，张天翼先生可能未必同意。不过，没关系。按照现代文学鉴赏理论，一部文学作品是由作者和读者共同完成的。好的文学作品应该可以多元解读，让不同的读者读出不同的感受，才能显示出作品的张力。

资料链接

1958 年，《宝葫芦的秘密》出版。20 年后，《宝葫芦的秘密》再版。在"文革"中深受迫害的张天翼先生给小读者们写了一封信。信中，他这样介绍王葆——

王葆并不是个坏孩子，他挺想学好，肯做好事，关心集体，热爱同学。就是有点懒，不爱动脑筋，什么都想要现成的，遇到麻烦的事，就幻想有那么一种宝贝，可以帮他做好多事情，使他不用费什么劲，想要什么就有什么。譬如遇到一道挺难的算术题，甭费脑筋，这宝贝就给算出来了，那该多好。

张天翼先生又说——

可是世界上的任何东西，包括吃的、用的、玩的，以及各种学习课程的答案，没有一项是从天上掉下来的，都是人们用劳动（体力或脑力劳动）换来的。比如一道作业题，如果你不动脑筋，那是做不出来的，除非去抄别人的答案。反正，你不想自己费劲，又想要什么就有什么，那就只有像宝葫芦给王葆变东西那样，从别人手里拿来——实际是偷来。因为一个宝葫芦是做不出那么多事情的。在这个世界上生活，如果自己不劳动又要享受现成的，就只有剥削别人的劳动或者窃取别人的劳动成果。

你看王葆，他有了宝葫芦，从此想要什么就有什么，来得真容易，使他"吃不了、用不完、玩不尽"。可是这一切不但没有使王葆得到幸福和快乐，倒使他感到无聊和苦恼。因为这样一来，什么事都用不着他去做，也不用他费脑筋去想，他整天没任何事可干，甚至连他想做个飞机模型玩，还没等动手，宝葫芦就把个现成飞机给他拿来了。这样的日子多没意思！

读了这些话，我想，读者对张天翼先生的创作动机也就清楚了。

《总有一个吃包子的理由》教学设计

读书感悟

手边的这本图画书叫《总有一个吃包子的理由》。中国有着悠远丰富的饮食文化，吃，是大人小孩都喜欢的话题。这样的书名很吸引人。作者是袁晓峰。以前知道她是名校长，是著名的阅读推广人，但读她的作品还是第一次。

故事的主人公是一个叫毛毛的小男孩，他喜欢吃包子。放学回到家，急忙向妈妈提出，想吃包子。因为在回家的路上，毛毛经过包子铺，见到了里面热闹的景象。可是妈妈已经准备了蛋糕、海鲜，还说昨天刚吃过包子。毛毛忽然想起了外婆。妈妈说，周末去看外婆，请外婆蒸一锅梅干菜包子，今天就先吃一个冰激凌吧。或许在有些孩子眼中，冰激凌、蛋糕比包子诱人多了，能够一进家门就吃到这些是求之不得的事。可毛毛却是个特别的孩子，他开始跟妈妈"纠缠"——

"先给我买个豆沙包，因为它和冰激凌一样是甜甜的。"妈妈"不甘示弱"："蛋糕也是甜甜的，还是吃蛋糕吧。"毛毛继续说："可是，我不喜欢吃烤的，包子是蒸出来的……"

妈妈真奇怪，好像偏要与毛毛作对似的："馒头也是蒸出来的。吃馒头吧？"毛毛"回击"："可是馒头没有馅儿呀……"

妈妈非常坚持，她说蛋糕已经买好了。毛毛也非常坚持，他说蛋糕可以放到明天早上吃。

毛毛很会坚持，他夸奖妈妈是最会讲故事的妈妈，还说昨天晚上包子爷爷在他的梦中讲了很多故事。这些故事真是离奇：灌汤包喝饮料，小倭瓜住在包子里，韭菜喜欢鸡蛋，肉包子打狗的结果……包子爷爷的故事当然都与包子有关。妈妈听着听着，忍不住说出了真心话："其实，我也喜欢吃包子……"就这样，毛毛和妈妈等不及周末去外婆家吃梅干菜包子了，而是当天就去了包子铺，吃包子。

后来，毛毛长大去国外念书。回国探亲，外婆便会做包子给他吃。在国外，他竟然自己做很多包子请同学们吃。吃包子的理由只有一个——很好吃！

看文字，能了解一些信息。看图画，能了解另一些信息。把文字和图画合在一起看，又能看出别样的信息。这就是看图画书的妙处。画家用跨页的形式表现包子铺里热闹的场景。右边画厨房，几位厨师挤在一起，忙个不停。桌上满满当当地放着各色馅料。左边画店堂，顾客们或吃包子，或点单，或排队，或敬酒。画面上几处简单的文字——"干杯""哇呜""好好吃""尝尝这个"成了极好的点缀，渲染出热气腾腾的气氛。当毛毛回到家里，向妈妈提出要吃包子时，画家也用跨页来表现。妈妈在厨房里忙活的情景被放得很大，将右边的画面撑得很满，仿佛有一种压迫感。而毛毛则出现在左边的角落里。这样的设计好像在预示妈妈不会那么快答应毛毛的要求。在表现毛毛逐渐长大的情节时，画家还是用了跨页的形式，将毛毛成长过程中的三个重要场景画成小图，放在一起，用白色背景衬托，颇有蒙太奇的感觉。更有意思的是，每个场景里有年龄不同的毛毛，还有相同的包子。

跨页用得好，单页也用得很妙。比如，当毛毛与妈妈争论时，画家在左边画母子俩争论的情景，右边则画了人物争论时的联想或者背景，使读者在阅读时不知不觉地扩展了遐想的空间。又如，当毛毛为了说服妈妈，讲述很多奇特故事时，画家连续用几张单页呈现，一下子加快了叙述节奏，为妈妈被说服作好了铺垫。

我特别留意了外婆这个次要人物。在书中，外婆出现了四次。第一次是外婆在做梅干菜包子。第二次是外婆年轻时为毛毛的妈妈做包子。第三次是毛毛出国留学，外婆抹泪送行。第四次出现在封底，外婆从菜市场买了菜，乐滋滋地回家去。我想十有八九是回家去做包子吧。这四次出现，有作者们的匠心在焉。毛毛为什么爱吃包子？因为妈妈爱吃。妈妈为什么爱吃包子？因为外婆爱吃。外婆为什么爱吃包子呢？大概是因为外婆的妈妈也爱吃吧。全书以外婆的形象收束，加上毛毛出国的情节，让读者由此感悟到家庭的温馨、故土的滋味。任你去国千万里，总有一种味道在呼唤你回家。外婆的形象隐喻了悠久的传统、温暖的民俗。这个故事好就好在没有一讲到妈妈带着毛毛去吃包子就结束，而是一直讲到毛毛在国外念书时请各种肤色的同学吃包子。此时，包子不仅仅是食物，更是家族亲情、传统文化、家国情怀的象征。

当然小朋友是读不出这些的，也不必读出来。他们只要笑着轻读毛毛与妈妈争论，只要笑着议论毛毛不吃冰激凌偏要吃包子，只要笑着想象肉包子与狗的故事结局，只要笑着猜测画家为什么把每个人物的脸型都画得像包子就好。如果有兴趣，可以邀请爸爸妈妈一起观赏这本书最后的"彩蛋"——做包子的流程。如果爸爸妈妈心灵手巧，来了兴致，备下材料，一通忙乎，蒸出一笼很好吃的包子，那就更好了！

教学目标

（1）阅读图画书《总有一个吃包子的理由》，了解故事内容。
（2）欣赏画面，联系生活，感受读图的乐趣。

教学过程

第一板块

（1）（出示各种包子图片）你喜欢吃包子吗？喜欢吃什么馅儿的包子呢？说说自己吃包子的感受吧。

（2）（出示图片：包子铺里的包子品种）让我们大声读读这些包子的名字。里面有你喜欢的吗？猜猜下面一页会画些什么。

（3）（展示包子铺的图片）说说你的感受。

第二板块

（1）认识了那么多包子，让我们再认识一下故事的主人公们吧（出示人物截图：妈妈、外婆、毛毛、小猫）。

（2）讲述整个故事。

（3）同桌合作完成阅读单，并交流。

完成人		完成日期	
毛毛想吃包子，妈妈却为他准备了哪些食物？如果是你，你会怎么选择？			
吃包子的理由到底是什么？请写下你的想法。			
你有喜欢的食品吗？用几句话介绍一下。			

第三板块

从以下三个问题中任选一个，与同桌交流分享自己的想法：

（1）书中好多地方都出现了小猫，把它找出来，猜猜看，画家为什么要在一个关于包子的故事里画只猫呢？

（2）其实，毛毛一家都爱吃包子，你能用某个画面讲述一下吗？

（3）在这本书里，有没有不太理解的画面？与大家一起讨论一下。

总结：《总有一个吃包子的理由》是一本既可以给大人看也可以给孩子看的书。回到家里与爸爸妈妈一起共读吧。然后与他们分享一下感受。

阅读活动

（1）如果你的爸爸妈妈愿意做包子，那就把这本书翻到最后一页，那里有做包子的步骤，和爸爸妈妈一起做做看。记得把每一步都拍成照片哦，然后为每张照片写一句话说明，好吗？完成以后做成一本小册子，与同学们分享一下。

（2）如果你的爸爸妈妈都不愿意做包子，也没关系，准备一点橡皮泥，照着书最后的说明，也可以做出"包子"来。而且可以发挥想象，做出别致的"包子"来。记得也要把每一步拍成照片，写下说明，做成小书哦。

阅读链接

（1）《好饿的毛毛虫》：[美]艾瑞·卡尔图文，郑明进译，明天出版社

（2）《小饼干的大道理》：[美]艾米·罗森塔尔文，[美]简·戴尔图，范晓星译，少年儿童出版社

读懂比喻句

——《荷兰的花》重点突破

设计说明

《荷兰的花》是沪教版五年级语文教材中的课文。文章描写荷兰人填海造田，爱花种花的情形。文中主要篇幅用来介绍荷兰国花郁金香，分别从郁金香的外形颜色，荷兰人对郁金香的痴迷，荷兰人培育郁金香等方面来写。恰当地使用比喻句，是本文的表达特点，也是教学重点。因此，我针对比喻句理解运用设计了"讲、扶、放、练"四个环节。

课堂实录

第一板块："讲"解理解比喻句的方法

（1）简介荷兰：荷兰四分之一的土地低于海平面，几百年来荷兰修筑的拦海堤坝长达 1800 公里，增加土地 60 多万公顷。如今荷兰国土的 20% 是人工填海造出来的。

（2）指导读课文第一自然段。

（3）出示第一自然段中的比喻句：

于是，荷兰人在大海边，筑起了一道宏伟的堤坝，像万里长城一样，把汹涌的海水挡在堤坝外，让泥土完完整整地显露出来。

思考讨论：

把堤坝比作万里长城说明堤坝有什么特点？

万里长城的作用是什么？这样比有什么好处？

小结：把堤坝比作"万里长城"，写出了堤坝长而雄伟，修建艰辛，更写出了荷兰人与大自然争夺土地的毅力和决心。理解比喻句时要从喻体特点入手，读懂句子深层的含义。

（4）带着自己的体会，朗读比喻句。

[设计思考：五年级学生对比喻句的作用是了解的，他们大都能脱口而出：使句子更生动更形象更具体。但是如何达到形象生动呢？上述环节引导学生学会从喻体特点入手，理解作者运用比喻手法的好处。]

第二板块："扶"助学生理解比喻句作用

（1）文章中的比喻句不少，出示句子：

春末夏初，这些花儿盛开时，像一片静谧的五彩海，与远处波动的湛蓝相辉映。

请用刚才学过的方法理解比喻句的好处。

学生交流：从"五彩海"可以感受到花的品种多，颜色多，种花的地方大。

教师补充：用"海"来作比，也与前文照应。

（2）对比下面两句话，你读懂了什么？

海风轻鼓起波浪，海水就会漫过浅滩，把荷兰成片成片的洼地淹没。

春末夏初，这些花儿盛开时，像一片静谧的五彩海，与远处波动的湛蓝相辉映。

学生交流后小结：这两句话形成了对比关系，通过对比，可以感受到荷兰人获得土地的不易。但那么不容易得来的土地，荷兰人没有种粮食，没有建房屋，而是种花。可见他们对花的热爱。

[设计思考：上述环节，学生在教师的帮助下运用之前学到的理解比喻句的方法，学生能理解到花多、种花的地方大等。教师再通过比较句子，帮助学生体验到比喻句所含的情感。]

第三板块："放"手让学生自主运用

（1）学生默读课文，找出第三自然段中的比喻句，然后自由交流比喻句的好处。

学生自主交流后小结：作者在这个小节中不仅用比喻手法介绍花的形状颜色，在介绍不同品种的郁金香的名字时也用上了比喻。虽然都是比喻，但是形式不同，给读者带来丰富的感受。

（2）指导学生根据句式特点积累比喻句。

[设计思考：在学生已经能比较自如地理解比喻句时，让学生交流比喻句的作用，以此完成第三自然段的自主学习。]

第四板块："练"习写比喻句

（1）出示句子朗读：

流连荷兰，你会觉得到处是这双神奇的手所创造的美。

联系上下文思考：神奇的手指什么？"流连荷兰"，为什么放句首？

作者流连荷兰，注意到了"电线杆""窗户""桥头"等地方。这些地方通常都不是适合欣赏美景的地方，写这些地方的美丽有什么作用？

（2）在电线杆上、窗户上和桥头上，荷兰人布置了很多漂亮的花，出示它们的图片，请同学们根据其特点说一个比喻句。

（3）学生练说比喻句。

[设计思考：五年级学生对写比喻句不陌生。但在学了理解比喻句的方法后，基于课文情境写比喻句，句子质量更高。学生也完成了从学习新知到运用掌握的过程。]

跋

2011 年，我出版了一本教育随笔集《讲台上下的启蒙》。我将从教 20 多年里对教育和语文教学的实践与思考放入其中。书里没有收录课堂教学实录。那时，我觉得自己的课堂还没有真正定形，没有稳定理念支撑的课堂就不必留存传播了。

2015 年，我出版了第二本教育随笔集《教书记》。这是我非常重视的一本书。书中文章不仅呈现了我的专业思考，更体现了我对文章之美的追求和努力。书里也没有收录课堂教学实录。但那时，我的语文教学观已经形成。

一些同行读完《讲台上下的启蒙》《教书记》后给我留言说，了解了我对教育、教学、教师的观点后，很想知道我在课堂里是如何实践的。

最近五年中，我不断将原先上过的课重新设计，重新上。我将每个学期教授的每篇课文的教学流程、反思记录下来，发布在微信公众号上。我开放了自己的课堂，同行、家长可以随时来听课，哪怕是开学第一天。就这样，筛选、积攒下来的课堂教学实录可以编成一本书了。实录前的文章，不管是述说自己还是评论别人，都可视为我设计课堂教学的基本出发点。部分实录后的评析文章是同行们对我的鼓励，也是鞭策，实在感谢。

小学语文学科的知识和能力不多，也不难。但要教好，真是不容易。在各种课型中，阅读教学是最难的。要想教好，没有捷径，唯有不断学习、实践、琢磨、改进。一旦把阅读教学弄通了，其他课型也就通了。这是我的切身体会。

我不揣浅陋，将自己的想法、做法和盘托出，希望能对年轻同行有些微助益，更期待读者不吝赐教。

2018 年 2 月 24 日